最新版

冯仑内部讲话

VANTONE

希文 著

中国致公出版社
China Zhigong Press

图书在版编目（CIP）数据

冯仑内部讲话：最新版 / 希文著 . —北京：中国
致公出版社，2018
ISBN 978-7-5145-1149-9

Ⅰ．①冯… Ⅱ．①希… Ⅲ．①房地产企业—企业管理
—经验—中国 Ⅳ．① F299.233.3

中国版本图书馆 CIP 数据核字（2017）第 292082 号

冯仑内部讲话：最新版
希 文 著

责任编辑：闫一平
责任印制：岳 珍

出版发行： 中国致公出版社
　　　　　 China Zhigong Press

地　　址：北京市海淀区翠微路 2 号院科贸楼
邮　　编：100036
电　　话：010-85869872
经　　销：全国新华书店
印　　刷：北京嘉业印刷厂
开　　本：710mm×1000mm　　1/16
印　　张：14
字　　数：200 千字
版　　次：2018 年 3 月第 1 版　　2018 年 3 月第 1 次印刷

定　　价：39.80 元

前　言

　　冯仑，中央党校法学硕士、中国社科院法学博士，现任万通集团董事局主席，北京万通实业股份有限公司董事长，阿拉善 SEE 生态协会第四任会长。他不仅连续两届获得"中国房地产十大风云人物"荣誉称号，还著有多部畅销书，经常在各种场合演讲，说话深刻而有哲理，拥有很高的社会名望，故而外界对他有"商界思想家"之称。

　　其实他最开始也只是个普通人，没有什么显赫的背景，那他是怎么靠自己一步步走过来有了他现在的万通帝国呢？人常说，打江山容易，守江山难。他又是怎么靠一人之力把万通经营成房地产界的巨头呢？本书将为你揭开这层神秘的面纱。

　　冯仑最开始是在海南改革研究所上班，29 岁的他满怀激情，只想大干一场，准备以做研究的方式参与改革，但他手上的资源太少。没过多久，研究所突然解散，他也就成了社会闲人。后来，他各处找工作，但都无果，幸好有个人介绍他去当时的风云人物牟其中的南德集团上班。仅仅用了一年多的时间，冯仑就成了牟其中的得力助手。这时冯仑的故友王功权、刘军、王启富都投奔到他这来，接着又有潘石屹、易小迪加入。这六个热血青年商量成立一个公司，于是有了后来的万通，寓意是条条路都通。

可是就在万通日益壮大之时，五兄弟却纷纷离开，选择单干，最后只留下冯仑一个执掌万通。冯仑虽然心里非常不愿意昔日一起打拼的兄弟都离开，但是人各有志，想要挽留也是无济于事。

但令人惊奇的是，外界没有传出任何关于利益纠纷的问题，完全是和平分手。在兄弟们都离开后，冯仑依然和他们保持着很好的关系，这在商界是一段佳话。

此后万通就由冯仑一手经营着，在发展中既取得过成功，也有过低迷期。在如此激烈的地产商战中，冯仑用自己深刻的洞见和富有前瞻性的眼光多次挽救了企业的生命，使企业重现生机，这使他成为一颗广为人知的商业明星。

在人们固化的印象里，商人就是那种唯利是图的人，只关注收益盈亏，不管人情道义。但是冯仑的存在改变了人们对商人的看法，他不仅生意做得风生水起，还时刻不忘读书学习，写过好几本畅销书。最令人钦佩的是他在企业渐渐稳定后，还专门去读了博士学位。这对一个已获得巨大名利的企业家来说本不是什么十分必要的事，但在冯仑看来，多学点知识，用知识武装大脑十分重要。

他还在各种场合进行演讲，他言辞麻辣犀利、幽默风趣，一经开口，金句频出，不时引经据典，从这点来看，冯仑可以说是位儒雅的商人。他不仅读过很多书，还特别喜欢深度思考，总是能从别样的角度分析事情，而且会把书中蕴含的道理应用在商业上。因此，也有人把他戏称为商界中的"段子手"。在他身上，我们可以充分看到读书、知识对一个人的思想和事业的深刻影响。一直到今天，依然有很多肤浅的人在宣扬读书无用论，说大老板们都是初中毕业的。而冯仑恰恰正面地验证了知识就是财富这句话。

冯仑在业余时还常常组织商会活动，和商界大佬们一起聊天。他虽然名气很大，但是他很虚心，能放低姿态去向那些同样成功的企业家请教他遇到的问题。因此，他交的朋友很多，事业也做得越来越好。

　　冯仑不是个单纯只为谋利的商人，他还是个懂生活的人，是个理想生活的践行者。今天，冯仑有多种社会角色，商人、作家、阿拉善 SEE 生态协会会长，但是他每个角色都扮演得很好。作为万通集团董事长，他虽然生意繁忙，但是他很会掌控时间，用现在时兴的话叫时间管理达人。他一边经营企业，还一边腾出时间去学习、写作、爬山，和朋友谈天，生活过得丰富多彩。

　　一直以来，有太多人在商业上取得成功后，就被金钱冲昏了头脑，而他没有。媒体采访他时，他说他没想当首富，那样太累，自得其乐就行了。这么多年，他还像当初创业时想的一样：坚持理想，顺便赚钱。他活成了所有奋斗者想要的样子。也许命运真的会跟人开玩笑，当人不那么看重钱时，钱才会主动找上门来。

　　在冯仑身上发生的一切，都值得今天的企业家和每个心怀理想的年轻人好好反思。一个人或一个企业的成功是综合因素协同作用的结果，少了其中任何一个都可能造成失败。鉴于此，本书精心摘录了冯仑在重要时刻说的一些话和经营心得，并做了深入的分析和举例论述。旨在让读者可以对冯仑的商业思想有更深入的了解，也希望读者能从中受到启发，创造出自己的理想人生。

目录
Contents

第一章

一个人的品性决定他的事业

如果一个人身上有一股坚韧的劲头，而又有变通的能力，那么离伟大就会更近一步。

伟大的基因造就伟大的人

　　伟大实质上是一个基因。我们观察伟大的时候往往把因果关系颠倒过来。比如人们通常认为柳传志今天之所以伟大，是因为他做出了这些成就，事实正好相反，因为他有伟大的基因，今天才会变得伟大。伟大的原因恰恰是他伟大基因发育的结果。伟大之所以是个基因，因为伟大其实是一个理想，这个理想和我们通常说的梦想不同。因为理想有很多，一种是社会价值取向的，这是基因，或者说是社会理想，是社会价值观的一种取向。我们经常开玩笑，30 岁不结婚人家认为你嫁不出去，你一辈子不结婚就是一种活法，这就是价值取向，社会行为方式的价值取向。你如果有这个基因，你一生就照着去做，就会变得伟大了。所以一种社会价值取向是一种伟大的基因。

　　伟大的基因也是一种情感，比如偏执地对一件事情喜欢、投入。一开始可能是种情感，比如杨惠珊，她偏执地喜欢琉璃工坊，刚开始时倾家荡产，最后变得伟大，被认为是企业家和艺术家，这种情感既不是宗教也不是意识形态，也不是社会价值的观念，而只是一个偏执的喜好。伟大就埋藏在这些基因里，这些基因发育出一个东西，相当于一个导航的系统，能够正确地引导自己，比梦想更加具体、更加微观，而且更加精确。

——冯仑《野蛮生长》

作为一个普通人，多多少少都会羡慕那些伟大者，而且也大都会有一个伟大的梦，想象着有一天自己也成为一个伟大的人。尤其是当人有了一定的事业基础之后，更是觉得跟自己的伟大的梦近了一步，在这时候，有些人会飘飘然，有些人则继续保持着低调和冷静。前者往往会遭遇失败，而后者则会走得更加成功。这其中的差别，并不在于能力，而在于心境。用冯仑的话说就是，伟大也是有基因的，而后者身上有更多的伟大基因，仅此而已。

所谓伟大的基因，冯仑有过概括，大概来说，不外乎好奇、坚持、隐忍等。总之就是一句话，如果一个人身上有一股坚韧的劲头，而又有变通的能力，那么离伟大就会更近一步。就像冯仑，他今天的成就未必能算得上伟大，但他身上确实是有着伟大的基因的。

众所周知，冯仑是一个儒商，他不仅有经营策略和管理经验，更是有着坚实的理论基础。他不仅是一个实干派，同时也是一个学院派。而这两者能够很好地结合，靠的就是坚韧的毅力和强大的理解能力。前者让他做到了别人所做不到的，后者让他领悟到了别人所领悟不到的。这两者结合，便是他事业有成的一个重要原因。

冯仑从小就热爱书写和阅读，还有就是非常喜欢思考。他有一个很好的习惯，就是喜欢穷根究底，这就是一种执着。这种执着体现在冯仑的事业上，就是能够坚持到底。当他认定一个项目的时候，他就会坚持下去，他要看到最后的结果。这一点是非常重要的。

对一般的管理者来说，一个项目成功了，就意味着将要赚钱；如果失败了，意味着将要赔钱。但在冯仑眼里，每一个项目都是一种尝试。他不仅通过项目来牟利，更是想要发现其中的原因。他有思考在里面。如果一个项目成功了，那么他会想，是哪一方面做对了，所以才会让自己成功；如果效果不理想，他也会想，是哪里出了问题，才导致现在的情况。所以，冯仑一直在不停地进步。正是这种进步，才让他给房地产行业带来很多新的观念，从某种程度上讲，他也改变了人们的一些居住理念。在这方面，万通地产的新新家园项目就是一个例证。他不仅为房地产开发闯出了一条以前没有的路，更是让很多人尝试到了一种新的居住方式。这种尝试不仅有经济利益，也很有价值意义。

冯仑能做到这些，自然就是靠他所说的伟大的基因了。一个人能坚持，爱思考，自然就会离伟大近一点。这世上不存在比别人聪明很多倍的人，也不存在比别人傻很多倍的人。若论智商，其实大家都相差不大。人们的成就所以不同，更多的是因为性格的差异。两个资质禀赋相差不多的人，如果一个爱思考，一个非常懒惰，那么前者一定能干一番事业，后者则必定碌碌无为。这差别不在机遇也不在世事不公，而是个人努力程度决定的。

伟大的人必然是努力的人，他们也有很多的共同点，这共同点就是伟大的基因。一个人如果愿意去研究这些共同点，又愿意去实践它，那么离成功也就不远。这就是成功的秘密。

如果一个管理者，觉得自己坐上管理的位置，或者创建了一个企业，就满足了，那么必然没有太大的发展。

苹果的缔造者乔布斯也是如此，乔布斯从小就是个淘气的孩子。他生性好动，对各种玩具都充满了好奇，一样玩具拿到手之后，玩不了多久，总是想将其拆开，看看里面到底是什么构造。乔布斯在这份强烈的好奇心和愿意动手去尝试的性格中一点点长大。等到他见到平生所碰到的第一个麦克风时，乔布斯的好奇心更重了。他不明白，为什么这样一个小小的东西会有那么大的能量。于是，他开始对电子产品产生兴趣，而这一兴趣的转移，最直接的结果就是苹果公司的诞生。

当然，一家伟大的公司，光靠其创立者的好奇心和兴趣肯定是不行的，还需要他的领头人有一股敢于创造，也能够坚持的劲头。而这两样，恰恰乔布斯并不缺乏。

乔布斯的创业之路是非常艰苦的，他几乎是白手起家，差不多卖掉了自己的全部财产，才凑够了创业的资金。不过即使这样，他所拥有的也不过是一个破旧的车库。在这样的环境下去创造自己的梦，没有一点毅力肯定是不行的。

在之后的创业过程中，乔布斯也经历了很多的考验。苹果是乔布斯一手创立的，不过在苹果发展壮大之后，他却被苹果公司开除了。对于一般人来说，这是不可忍受的。但乔布斯坦然接受了，而且后来提起这件事的时候，他并不认为苹果当时的做法有问题。这种态度，实在是让人佩服。

当苹果的大门再次向乔布斯敞开的时候，他没有犹豫，也没有对之前苹果的做法抱怨，而是平静地又接过了这个摊子。而且，凭借自己的奋斗，让苹果再一次站在了巅峰。

从乔布斯的整个人生经历，我们可以看到，确实如冯仑所说，一个伟大的人，并不是因为有了傲人的成就才伟大，而是因为他的身上有很多常人所不具备的特质，正是这些特质，让他可以成为一个伟大的人。这些特质在冯仑身上是一种穷根究底的学习态度、坚持不懈的毅力以及遇事爱思考的细微习惯。在乔布斯身上则是强烈的好奇心、坚强的毅力和豁达的态度。这些，都是可以催生伟大的。

一个管理者，想要让自己的团队跻身行业前列，靠的不仅是机遇，更是团队的硬件条件。而这些，往往就考验这个管理者自身的素质了。如果他是一个有着伟大的基因的人，那么他的成功的概率就会很大。

没有人是生来就强于其他人的，哪怕是乔布斯也一样。他们不过是在后天性格养成的时候，比别人多了一些探索精神，坚持的毅力和豁达的态度罢了。这些，乔布斯可以养成，冯仑可以养成，其他的人也一样。首先要看的就是有没有这样的一个意识。如果一个人有这样的意识，朝着这个方向努力，那么就算没有乔布斯般的成就，一样可以在自己从事的领域内做得更好，至少是比没努力过的时候做得更好。

美国式做事，中国式做人

　　东西方都有自己的普世价值，东方的价值观作为传统文化，从新加坡开始，叫新亚洲的文化，有很多诠释。我个人做事比较喜欢西方的价值观，做人喜欢中国的价值观，我在纽约见一个老板说，我用中国方式吃饭，用纽约的方式做生意。做事按纽约方式做，比如用最贵的律师、中介、会计师，如果不用这些好的中介服务，证明你没有诚意。

　　……

　　所以中国人处理事情，中庸、平和、宽恕、任意、相反相成，通过"是"看待"非"，通过"非"找到"是"，这样一种哲学文化我们比较习惯。我总是讲是非相对性，另外讲成本之前的成本，利润之后的利润，用这种方法判断一个事情，和人打交道，如果你斤斤计较，最后人家觉得这个人矫情，以后不来找你；如果你很爽快，过两天还会来找你。实际上要学会让，不是争，学会不争这是中国文化。

　　　　　　　　　　　　　　　　——冯仑接受《中国企业家》采访

　　冯仑有一句话，叫纽约方式做事，中国方式做人。所谓的纽约方式也就是美国方式，或者可以说是西方的方式。西方人比较直接，重视制度，淡漠人情。他们一般是有话直说的，强调按照规矩做事，是外向性的。而中国的方式，或者说东方的方式，则是相对内敛的，讲究谦和礼让，尤其是与人交往的时候，强调给别人留一点余地，给别人一点面子。

两者是不同的，但绝对不是对立的。不过很多人却将两者对立起来，让他们变成了二选一的关系，这样是不好的。冯仑在这方面应用得很得体，他的主张是按照西方人的思维做事，按照中国人的方式做人。所谓按照西方的方式做事，就是两个人或两个企业在合作的时候，要确立一个具体的规矩，让这个规矩约束众人的行为，一切以这个规矩为准绳。这样就有一个统一的标准在，有了这个标准一切就好办了。这样的方式，节省了很多沟通成本，也能避免许多不必要的麻烦。

但是在做人方面就不能这样，西方那种直接的方式，很容易伤害到别人的感情。因此，在做人的时候要遵循东方的原则，即懂得给人留余地，懂得给别人面子。这样即使有些不愉快也不会闹得很僵，下次有机会的时候还可以相逢一笑泯恩仇，继续合作。

所以我们可以看到，冯仑没有将两者对立，而是将两者统一了，让两种思维方式各自发挥优势，负责各自适合的一块。这样一来，可以让我们不管是在做事的时候，还是做人的时候，都能够非常自如，有很大的余地。这是一个企业家的智慧。

在具体的实施上，冯仑也是坚持这个原则的。冯仑曾经讲过，他跟一个合作伙伴因为生意上的问题发生了一些矛盾，闹得双方很不愉快。这时候，冯仑的一些美国朋友就劝他，说应该起诉那个人，让他们付出代价。可是冯仑却没有听从这个劝告，而是采取中国人的方式，不起诉对方，给他们留一点余地。冯仑解释说，自己这么做，不是懦弱而是看重未来。双方在这次的合作中确实有些不愉快，但并不是什么原则问题，以后如果机会合适还是可以再次合作的。而且从长远的角度来看，如果以后真的有合作的机会，那么这次摩擦反而是有益的，因为通过它，让双方更加了解了。冯仑说，这是中国式的智慧，是有大道理在里面的。

冯仑一直是坚持这个原则的，也是信奉这个原则的。因此冯仑能够跟很多知名的大企业合作，因为他们在做事的时候是按照西方人的方式来的，讲规矩，遵循制度。这样的公司，自然有人愿意跟他合作。而在做人上，冯仑也确实是中国式的，知道体谅别人，懂得换位思考，明白不管干什么都要给别人留一点余地。正是因为这点，冯仑的朋友很多，像王石、柳传志、马云等这些大企业家都愿意跟他打交道，因为这个人是一个明事理，懂得容人的人。跟这样的人在一起没有压力，让人感觉放松。

一个管理者，能将事业做多大，其实跟其个人的行为方式是有关系的。像冯仑这种，既懂得做事的规则，又懂得做人的方式的管理者，必然能为公司赢得更多的客户，也能结交到很多对生意有利的朋友。这就是一个人的竞争力。

按规矩做事，循情理做人不仅应该是一个企业家的追求，更应该是一个企业的信条。在这方面，华为公司做得很好。

众所周知，华为是有着非常强悍的企业文化的，他们讲的是狼性。而且不管是华为跟其他公司的竞争，还是华为内部对员工的要求都是很高的。很多曾经的华为员工提起在华为的日子，都是一个评价：压力大。因为在这里要做的是最前沿、最具挑战性的工作，面对的是最强悍的对手。而且，华为还有严格的考核机制，可以说，想在华为生存，大不易。

因为有着这些特点，很多人觉得华为是冷酷的，是无情的，是完全按照规矩做事的。不管是向外对待自己的竞争对手，还是向内对待自己的员工，都是严格按照制度进行约束的。却不知，华为其实也有着温情的一面。

在华为，是允许员工犯错误的，但也有一个红线在。员工在工作中，可以因为能力不足而犯错，也可以因为一时的疏忽而犯错。有了这样的错误之后，只要知道改正，知道继续努力，那么一样可以获得升迁的机会。但有一种错误，却是不能容忍的，那就是欺骗。

很多年轻人为了能够进入华为这种大公司，会想很多办法。比如有能力，但是学历不够，或者觉得自己的学校不够好，拿不出手，因此会用制作假毕业证的方式获得敲门砖，从而进入华为。

虽然华为公司的人力很严格，但也无法准确分辨出哪一个是真的证件，哪一个是假的证件。尤其是在毕业证不能联网查询的时候，更是如此。因此，便有很多人蒙混过关，靠着一纸假文凭进入华为。

在华为内部，发现这样的员工肯定是要辞退的，因为这是原则问题。不过他们并不指出那个人的错误，而是采取一种暗示的方式，让那人明白自己曾经的欺骗被识破了，从而自己离开。一般的方式就是调换岗位，或者降低工资。如果有员工受到了这样的待遇，自然知道自己曾经作假的事情败露，也就会自动离开了。

这就是华为温情一面的一个体现。之所以这么做，就是为了给对方留一点面子，给他们一点余地。华为是出于中国人的人情法则才这么做的。

这是一个小小的点，不过从这个点却可以看出华为有温情的存在。也正是因为工作的时候完全遵循规则，员工与员工之间又有温情的存在，因此华为人才会为自己在这样的公司工作而骄傲。他们要面对强大的工作压力，但他们却很少抱怨，因为在这里有一种家的感觉，这感觉是能够让员工产生归属感的。这正是华为强大的凝聚力的原因之一。

冯仑内部讲话 最新版

　　每个企业都应该像华为一样，用严格的制度考核，但也要让员工体验到温情。在做事的时候，有规矩，在生活上，让他们体验到温暖。只有这样，才能让员工真心地热爱公司，并愿意跟公司一同发展。

对未来越有把握，越从容

很多人以为有钱才能从容，其实不然。从容是建立在对未来有预期，对所有的结果和逻辑很清楚的基础上的。你只要对内心、对事物的规律有把握，就能变得很从容。大人比小孩儿从容，男人比女人从容，老人比年轻人从容，掌握资源多的人比掌握资源少的人从容，皆是如此。对未来的东西越有掌握、越理性，你就会变得越从容。

比如你创业，你要想从容，就不能只盯着钱，你必须知道钱以外的很多道理，否则你遇到一些事情，总会觉得很委屈，觉得世界上的事情为什么不能如你所愿，总是跟你对着干。原因很简单，世界上所有的事情不是为你一个人准备的，地球几十亿人，中国十几亿人，所以你作为几十亿分之一，你一定要有对未来的看法和眼光。对年轻人而言，对自己掌握的已知比较少、未知比较多的领域一定要去拓展，如此才能打开视界。

古人讲坚忍不拔之志，涉及两个关键词：志向与毅力，二者缺一不可。要做到对未来、未知的掌握，除了必要的知识面跟眼光，还必须有坚忍不拔之志。志向，或者说理想像黑暗隧道、管道尽头的光明，如果这个光明熄灭了，人在黑暗里就会恐惧死亡。人之所以往前走，是因为有光明，光明是理想，加上你的毅力，你在黑暗中才能不断地往前走。

——冯仑《伟大是熬出来的》

很多人都羡慕冯仑，他成功创立了一家知名的公司，是一个有为的企业家，出了很多本书，是一个作家，而且经常组织各种企业家论坛等，又是一个出色的社会活动家。更重要的是，他还经常跟朋友聚会、谈天，有大把的时间用来交友。

可以说，冯仑所过的生活正是很多人梦寐以求的生活。有人用两句话对冯仑进行了描述，"乐山乐水乐自在，亦文亦商亦从容"，可以说非常恰当。

冯仑自己也是看过这句话的，而且在一次演讲中特别提到了这点，也谈到了自己有今天这份从容的原因。

冯仑说，很多年轻人都羡慕他的这份从容，而觉得自己生活就很苦，想要从容可是没有钱，用心去赚钱后，又没了从容的时间和心境。冯仑认为，这是一个必然的过程，每个年轻人都要经历这点，他年轻的时候也是一样。人们看到的如今这个从容的冯仑，其实是成功之后的冯仑。他还说，只要努力，每个人都是可以获得这种从容的。不过，首先要找准方向。

冯仑所谈的方向，其实更像是一种规划。比如创业的时候，不能只看到钱，还要培养自己的能力和心境。如果只盯着钱，那么是难以获得从容的，即使赚到钱之后也一样。因为钱是赚不完的，以钱为目标，其实也就是以一个无尽的数字为目标，那样的话，你将永远都在为一个更大的数字而奔波和努力。在创业的时候，要去赚钱，但不能只想着赚钱，还要培养自己的能力。

这里的能力不仅是经营企业的能力，更有经营人生的能力。一个管理者，相对来说，在事业上必然是成功的，不过这并不等于在人生上也成功。他可能有很大的事业，有很多的钱，但却没有朋友，没有一个温馨的家。这样的人算不上人生的成功者。管理者在事业成长的时候，也要分出些精力来，让自己的境界，对人生的感悟也得到提升。这样，当达到一定的境界的时候，自然就有从容的心态了。

还有就是要会规划，这个规划不仅是事业上的规划，更有时间上的规划。做到这点，不仅需要强大的控制力，还要有一定的预见力，比如在创业初期，就要看到制度的重要性，然后努力构建一个成功的制度。这样一来，等公司成熟之后，一切都上轨道了，那么管理者也就轻松了。如果很多事情不能提前做好预防，那么公司每成长一步，就会遇到一个新的问题，然后需要管理者花费精力去解决这个问题。这样的话，即使想要从容也没有时间和那份心情了。

总之，一个人，尤其是企业的管理者，想要从容，靠的不仅是心态，更是综合能力。要能掌控全局，预测全局才可以。只有这样，管理者才能用最少的时间将企业管理得井井有条，然后可以去做自己喜欢的事，享受一份从容的人生。从容的企业家，一定是一个全面的企业家。同样，一个企业家想要从日常的琐事中解脱出来，想要既管好企业，又能享受人生，就要让自己变得更加全面。

在中国的企业家中，提起从容，恐怕很多人第一时间想到的绝对是万科的王石，确实，王石的生活是潇洒的。他管理着中国最强的房地产公司，却又能够经常做登山运动。这确实是让人羡慕的。其实，登山的企业家并不止王石一个，还有另外一人，即黄怒波。不过是他的公司没有王石的万科有名，因此很多人注意不到罢了。但要说起潇洒，他甚至可以说是超过了王石的。

黄怒波有很多身份，他是一个诗人，创作过很多优秀的诗歌，也是一个商人，拥有一家成功的房地产企业，还是一个慈善家，经常进行捐款活动。当然，他也跟王石一样，是一个登山者。这几重身份在黄怒波身上表现得错落有致，它们有交叉，但绝对不会互相影响，这就是一个真正成功者的气度。

黄怒波在商业上是绝对成功的，他曾多次登上胡润中国富豪排行榜，是绝对的商业精英，拥有一家庞大的企业。但是他却并不像有些企业家那般，整天有忙不完的公务，他很清闲，也很潇洒。之所以能够做到这样，就是因为他有着强大的管理能力。

有人说，一个真正有能力的管理者，一定是清闲的，他能让公司很好地运转，做到自己在公司和不在公司一个样，并不会因为自己不在，公司就无法正常运转。在这方面，王石做到了，黄怒波一样做到了。而他们能够做到这种程度，靠的就是强大的制度设计能力。一个制度健全，而且制度高于一切的公司，必然是能够做到管理者不在也一样可以完美运行的公司。

而且，黄怒波有远见，他能够发现未来的趋势，因此可以合理地安排公司，用未来的眼光来经营现在。这样，当市场环境发生变化之后，他也不会觉得难于应付，这自然就生出许多从容的态度来。

不管什么时候，都要谦卑

　　第一个能力也是最重要的能力，就是谦卑、谦恭、谦虚，以非常低柔的态度包容人生周围所有资源和吸取所有的机会。我觉得你们也上了中国国学的课，老庄经常讲，江河湖海，海之所以大是因为海比山低，高处的东西都流到海里面。人也是这样的，我观察过一些，但一开始不是这么理解的，我也注意到身边一些人非常圆通、谦和，但是在我见到李嘉诚之前我没有被震撼过，我见到李嘉诚后，我就研究他为什么成功？开始是看看书，但是等见到以后，我就发现在李嘉诚身上最重要的品质就是谦虚、谦和、谦恭，在待人的细节上非常让人感动。

——冯仑博客

　　冯仑曾经讲过一个故事，是关于李嘉诚的。有一年，冯仑和马云等一行人去见李嘉诚。在冯仑心里，李嘉诚是大企业家，是自己的榜样，算是偶像级别的人物。所以内心是很激动的，用他自己的话说，是带着朝圣般的心情去的。在冯仑的眼中，像李嘉诚这种身份的人，应该是很有派头的。见面的过程应该是一行人在客厅等着，然后李嘉诚出来，跟大家打招呼，说两句话，回答几个问题就好了。

可让他没想到的是，当电梯载着一行人到达顶楼的时候，电梯门一开，李嘉诚竟然站在电梯旁，手里拿着一叠名片，之后挨个发给从电梯走出来的人。这个举动让冯仑很是惊讶，要知道，李嘉诚可是成名已久的大企业家，是亚洲的首富，而且当时已经是七十多岁的老人了。这样的成就，这样的年纪，竟然能在电梯口接自己，而且亲自发名片，是很少见的。至少跟现在很多的企业家们的举动不同，更多的企业家都是很牛气的，觉得自己是个人物，所以不将别人放在眼里。

之后，众人来到客厅，谈了一番话，然后来了一个人，让他们抓阄，为的是安排桌次。因为那天去的也都是有名气的企业家，这样就有一个麻烦，比如谁坐第一桌，谁坐第二桌，一般都是按照成就或者名气分的。可是这种东西很难量化，很可能有两个人都在内心觉得自己比另一个强，排在后面的人就会不舒服。可是抓阄决定座次，就不会有这样的尴尬了。

座位排好之后，众人便入席了。吃饭过程中，李嘉诚先生每桌坐15分钟，跟众人的沟通时间都是一样的。当众人散去的时候，李嘉诚也是将他们送到电梯口，等他们都走了再回去。

这件事让冯仑很是感慨，从中他也有很多的体会。冯仑觉得，越是成功的企业家，就越是谦卑，不是他们取得了成就后故意作一个谦卑的姿态来，而是因为他们的性格中本来就有谦卑在，因此才有这么大的成就。关于这一点，冯仑也有解释。人都是愿意跟谦虚的人在一起交流和沟通的，没有人愿意跟一个自大的人聊天。因此，那些谦卑的人往往都有更多的朋友，认识更多的生意伙伴。大家都知道，在当今的社会中，人脉就是资源，一个大家都乐意与其打交道的人，自然就能谈成更多的生意，因此事业有成也就不难理解了。

事实上，冯仑本身也是一个很谦卑，很虚心的人。看冯仑的书，听冯仑的演讲，我们会发现，他经常会夸奖王石和柳传志，觉得他们身上有好多好品质，而且从不讳言自己从这两个人身上学到了很多。这就是冯仑谦卑的体现，也正是因为这点，他才能将自己的公司经营得那么好。因为他从成功的企业家那里借鉴了很多的经验，学到了很多管理上的道理。

人有了事业之后，往往自大，觉得自己能够成就一番事业，自然就是个厉害的角色了，从而不将别人放在眼里，对别人提出的意见不以为然。别人有优点也不愿意去学，觉得学了就说明自己不如那人了。但他们不知道，当自己丢掉了谦卑的姿态，封闭了跟外界的交往之后，也就失去了充实自己的机会，让自己和企业都无法前进了。

知识和经验是永远也学不完的。有的人觉得自己不用再学了，不是他已经足够厉害了，而是自己眼高手低，看谁都不如自己。这不是境界，而是一种危险的自大情绪。做人，不管什么时候都要谦卑，做管理者尤其如此。在竞争日益激烈的环境中，比的不是谁有名，谁地位高，而是谁的能力强，谁能从别人那里学到更多的经验。有经验者即使现在没有很高的成就，总有一天会通过努力得到。自大的人，即使现在有很高地位，总有一天会因为故步自封而被人超越。

谦卑的企业家在哪里都受人欢迎。新希望集团总裁刘永好有一次去国外参观一家面粉企业。该企业有 66 名员工，每天处理小麦的能力是 1500 吨。听完介绍之后，刘永好非常惊讶，他没想到一个只有几十名员工的小厂，工作效率竟如此之高。要明白，在国内，这样的企业一般日生产能力只有几百吨，但员工往往却能达到几百人。

即使是效率高于国内行业标准的企业，如刘永好自己的新希望集团，七八十名员工的工厂日处理能力是 250 吨，仅仅是那家工厂的 1/6。

刘永好是一个很虚心的人，他看到别人有如此高的效率，便想弄明白其中的秘密，然后按照他们的方法整改自己的企业。于是，刘永好与这家工厂的管理层进行了深入交谈。过程中，刘永好了解到，这家企业在中国也投资办过厂，在内蒙古的乌兰浩特。不过，中国分厂的日处理能力仅为250吨，工人却有155个。这更让刘永好疑惑了，为什么同样的投资人，设在中国的工厂与设在本土的工厂之间生产效率居然相差10倍之大呢？

为了搞清真相，刘永好又找到了那家工厂的厂长，虚心请教，问他们为什么同样的设备，同样的管理，可是设在中国的分厂却需要那么多人呢？

那位厂长没有直说，而是含蓄地回答："可能是中国人做事不到位吧。"刘永好知道对方的意思，不过是委婉地指出国内的工人效率低。

回国后，刘永好一直在思考这个问题。经过多天的思索，他终于找到了答案，其实问题还是出在管理上。即使国外的工人确实比我们的效率高，但也不至于高出十倍以上，这是不可能的。问题的关键在于，他们在中国办的厂，虽然设备等一样，可是管理模式还是接近中国化的。因为我国工业起步比较晚，所以管理上较为落后，因此很多时候虽然员工们力气没少出，但却并没有效率。而国外先进企业工业化程度较高，因此管理上更加完善，也更科学。因此能够发挥出更大的效率。

想明白之后，刘永好就开始重新思考自己公司的管理制度了。经过长久的努力，他的员工也有了更高的效率。

任何一家企业，取得成功都不是偶然的，必然有其关键因素。像刘永好这种靠养殖起家，最后成长为国内首富的，就更是如此了。刘永好成功的因素很多，虚心是其中之一。正是因为足够虚心，所以他能看到自己的短处和别人的长处，并能弯下腰来学习别人的长处。这样，他就有了更快发展企业的基础，他的企业内的制度，是融合了各家之长的。

作为一个管理者，是要不断学习的，不仅要从书本上学习，还要有一个谦卑的态度，虚心向比自己强的企业，甚至不如自己的企业学习。学习他们的长处，之后克服自己的短板，总有一天，会因为不断的积累让企业快速成长。

做个好人是做好企业的前提

在小公司的时候，人容易学坏。因为什么？困难太多太多，每一个困难可能都是学坏的理由，每一次增长都可能有一个堕落的机会，就看你能不能挺得住。从房地产行业来说，非常有意思。可能在一个项目上赚钱了，接着就会被拿下去。做房地产有一个特别有趣的事叫作从哪里拿到钱又从哪里还回去。你从地上拿到的，最后土地出了事又还回去。

人生在这个阶段，也就是在小企业快速成长的阶段有很多瓶颈要突破，遇到很多诱惑的时候，怎么样坚持自己的价值观？而这个价值观，简单来说就是学好。

我们自己的公司，当然我们也是面临这些选择，我们就选择好人、好事，学先进、走正道，反正一句话：我们就是做比较笨的人。因为比较笨的人往往竞争少，聪明的人竞争太多。当别人都投机取巧地做事，不去做产品，而是在中间倒腾的时候，看似很容易，但竞争的也多。你吭哧吭哧做一件事很慢的时候，竞争者很少。聪明的人都是不断移动的，只有笨的人才是在一个点上不动，是执着的人。在这个阶段，执着，而且选择正确的价值观，以好人的心态做这件事情，很容易就活过来了。

——冯仑在"华夏之星"中国小企业公益大讲堂上的讲话

一个企业的好坏和发展前景，不仅在于是否选择了一个好的行业，更在于企业家是一个什么样的人。很多时候，做企业首先就是做人。如果是一个好人，走的是正道，那么即使在一个竞争激烈的行业中，他的企业一样能够生存。如果一个人只想要靠钻营和欺骗来发展自己的企业，那么即使在一个竞争不激烈的行业内，一样会失败。

冯仑就是一个这样的人，他不光在演讲中说企业家要做一个好人，要讲诚信，事实上他也确实是这么做的。通过冯仑的话，我们可以看出，万通地产虽然跟行业的龙头万科还有些许差距，不过也算是信誉非常好的了。正因为没有污点，所以他们在审批的过程中，会比一般的公司更快。这就是信誉的价值了。

关于信誉，冯仑还有另外一个故事。有一次，冯仑想要参与一个美国的项目，可是进展并不顺利，对方好像并不是很急于跟他合作。在这点上，冯仑开始是觉得有些恼火的，觉得那些美国人对他不是很尊重。在冯仑看来，自己的钱是辛苦赚来的，现在要跟你们做生意，最起码你们要给我一个尊重。可是后来才发现，对方不是无意跟他合作，而是在考察他。

对方考察的就是冯仑的信用。他们先是查看了冯仑在海外的信用卡是否有不良使用记录，然后又通过多方渠道，打探冯仑在国内经营公司的时候，是否有过税收问题。在那些美国人眼里，这些都是决定一个人、一家公司是否值得合作的重要条件。当他们发现这些都没问题之后，就是最后一道关了，看这个人的承诺是否兑现。

美国人采取的有些特别，他们给冯仑列出了一个名单，上面自然都是冯仑认识的人，然后让冯仑将这些人找来。他们的意思是看他在朋友中是否有信用，人们是否愿意听这个人的话，给这个人面子。冯仑看了名单之后，就给上面的人打电话，结果那些人来了，然后待了一会，就这样，考试过了。之后，他们又想要确认冯仑是不是好人，于是找一个他熟识的人去问。结果回答也很满意。就这样，冯仑彻底过关。

经过了这么一系列的折腾，正式开始谈生意的时候，已经是第三个年头了。不过让人稍感欣慰的是，虽然前面折腾得很久，但真正谈到合作的时候，对方对他还是很信任的。

这件事给冯仑的触动很大，不仅是因为折腾了这么长时间，让他感觉很疲惫，还因为通过这件事，让他明白了一个很深刻的道理。

开始的时候，冯仑对对方是有不满的，因为他觉得对方对他不够尊重。在冯仑看来，你们要做生意，找的是有这个资金储备的人。那么，我有这个储备，你们就应该给予重视。不求一定能够做成，但应该有诚意。这是起码的尊重。但是对方却好像没有做到这点。不过对方后来的做法，冯仑也是理解的，因为毕竟人们都想找一个靠谱的合作伙伴。他们的做法虽然折腾，不过也是情理之中。等这件事彻底结束的时候，冯仑调整了自己的看法，他觉得，一个人总觉得别人要尊重自己的钱，但是大多数时候，人们真正尊重的，其实是你这个人的品格。也就是，有钱未必能够得到别人的尊重，但是如果是一个好人，那么不仅生意伙伴会尊重你，社会上也会尊重你。有了这份尊重，你的企业也会信誉大增，更好地展开业务。

因此，很多时候，想要做好企业的前提，就是做一个好人。

只有做一个好人，才能让别人信任你，愿意帮助你。雷军举了一个例子，他曾经投资过一个公司，给了对方50万，那个人自己也借了很多钱，最后筹到了180万，结果都赔了。结果那个人又去找雷军借钱，希望能够获得再次投资。雷军对他说，你把之前的钱都赔了，那么你在我这里就没有百分百的信任了，我会觉得你的能力有一定的问题。而且之前有些事情做得也不能让我满意。那个人听了之后很是惭愧，真诚地给雷军道歉。雷军又对他说，既然你跟我道歉，那么我就再帮你一把。

这就是雷军的选择，一个人做生意赔了，说明这个人能力可能有问题，当然也可能是外部因素造成的，他没有选择。但是他懂得反省，知道道歉，这就说明这个人的人品是没问题的，他一定是个好人，懂得承担责任。这样的人，是值得给第二次机会的。

在雷军看来，好人才是做好企业的前提。所以他愿意投资给好人，也愿意做一个好人。

好的领导者，是提高公司内部沟通效率的人

我最近发现我们公司新来的高管很担心，总觉得董事会有很多不同的声音，但后来又发现议题都通过了。实际上他们不理解这么多年来万通董事会治理过程当中所形成的传统和沟通技巧。对于一些可通过可不通过的议题，我们事先不做太频繁的沟通，打个电话或一般性沟通就可以，在会上就表现为大家的话题比较分散、意见比较多。我们也想借此机会听一下多方面的意见，尤其是独立董事，让他充分独立，他在会上怎么讲都可以。有些独立董事不怎么独立，总怕大家在意见上发生冲突，引起负面效果。我说按你咨询公司的方式说，或按律师打官司的方式说。律师打官司就是挑毛病，咨询公司是善于建议，得往硬里说。

在董事会的决策过程中，对于一些涉及重大战略方向的议题，我们一定会事先沟通，而且要充分、反复沟通，不达成一致意见，绝不上会。如最近的一次控股公司开会，很多高管都觉得议题这么多，哪个通过、哪个不通过呢？其实我们事先都已充分沟通过，所以很快都通过了。

我自从当董事长以来，这么多年一直坚持每次开董事会都根据议题的重要性全部事先沟通。泰达投资万通后，我坚持每次都面对面地跟泰达的领导沟通所有议题。正因为如此，7年下来，我们的董事会开得都比较有效、顺

畅、和谐。凡是有争议、有不同看法的都在会前处理。我在中央党校教书的时候，当时流传一个顺口溜，叫作"小会解决大问题，大会解决小问题；不开会解决最重要的问题，开会解决次重要问题；文件解决小问题，批示解决大问题"。当时中央党校有很多顺口溜讲组织运作当中的一些艺术。

一个人要做领导，沟通是第一位的能力，你的眼光、智慧、经验必须通过沟通才能赢得大家的理解和支持。沟通还有一个好处，在中国沟通是给面子的过程。按中国人之间的交往模式，面子有时候比内容、比里子更重要。所以，不断地沟通是互相尊重的表现，这样大家在心理上就比较舒服，开会时就比较容易达成一致。千万不要把非常重大的议题未经沟通就直接拿到会上，否则这事 80% 会搁浅。

——冯仑博客

一个公司就是一个团队，想要有效率就要懂得节约各种成本，而沟通成本自然是其中非常重要的一环。很多管理者也知道沟通的重要性，但却往往做不到及时的、有效率的沟通。

冯仑是一个十分注重沟通效率的人。在做生意的时候，跟别人合作是难免的。而在冯仑的合作伙伴当中，有些则是根本没接触过房地产，对这个没有概念的。对方只是觉得万通是一家可信的公司，冯仑是一个可信的人，从而愿意跟他们合作。这样，在开董事会的时候，就有很多麻烦。要将自己想要说的表达明白，而且，还要让一个没有这方面经验的人听明白。

为了能够在这个环节中尽量少使用时间，冯仑的选择是不停地更换地点。比如北京星美影城刚刚开业的时候，冯仑就曾在那里组织过一次董事会。之所以选择这个地方而不是选在万通公司，就是想让一些不懂房地产的董事们亲身感受一下那里的建筑风格，让他们知道原来建筑还可以这样做，有了这样一个直观的感受之后，再给他们讲解具体的战略就方便多了。这就是注重沟通效率的体现。

还有一次，冯仑跟华谊兄弟等公司一起合作，在太湖筹建华谊兄弟影视园区。于是，冯仑便产生了一个想法，要在华谊兄弟公司召开一次董事会。他这么做的目的是想要带领董事们顺便参观一下华谊兄弟影视公司，对电影有一个大概的了解，有了这个了解之后，对项目的实施也便有基本的概念了。

决定了之后，冯仑便给华谊兄弟影视的老板王中军打电话。没想到对方听到冯仑的提议之后非常诧异，搞不懂他为什么要到自己的公司召开董事会。后来冯仑一番解释之后，王中军才明白了他的用意。

召开董事会的那天，王中军特意带来了自己的团队，给几位董事们大概讲了电影行业的特点和运营规则，以及华谊兄弟影视公司的战略和发展规划。那次董事会，参加的人都觉得非常满意。

董事会的目的是沟通，好的董事会就是要做到最有效率的沟通。冯仑的这种做法就是极其可取的。很多管理者也经常给自己的员工们开会，也经常跟合作伙伴们沟通，但一般都局限在会议室里，大家通过语言描述各种情况。这样就不够直观，理解起来没那么方便，自然就影响了效率。而冯仑这种更直观更具体的方式，自然效果好很多。

这就是一个企业家的能力了，他们总是能够想到办法，用固定的时间解决最多的事情。不管是什么样的公司，彼此沟通都是必不可少的，而能够创造出最有效率的沟通方式的管理者，必然是能够引领自己的公司走得更远的。

在如何提高沟通效率上，雷军也是下了功夫的。小米的管理方式跟一般的公司不太一样，他们是扁平化的。很多的大公司，内部结构都是非常复杂的，分为最底层员工、底层领导、稍高一级的领导、再高一级的领导，中层领导和高层领导等等很多级别。但在小米，级别很简单，只有三级。分别是七个小米创始人，然后是各个部门的领导，之后就是普通员工。

这样的分级方式，是很多企业家不能理解的。不过雷军却觉得这正是小米可以快速崛起的原因。这种分级方式简单，但有效率。

层级很多的公司，如果底层员工有了一个好的想法，那么先要跟他的直接领导提出来，然后他的直接领导进行分析评估，觉得可以再报告给自己的上司。这样一层一层，等到了真正的决策者那里的时候，恐怕已经是一周甚至一个月之后了。在如今变化迅速的环境中，这种效率肯定是要耽误很多事情的。但小米不一样，一个员工如果有了好的想法，只需要一天，最多不过几天的时间就可以传达到最高决策者那里。这中间省去了很多审批和评估的环节。这些环节的省略，不仅节约了公司的运营成本，更是减少了彼此沟通的时间，极大地提高了沟通的效率。

而且，扁平化的管理方式也不需要各种烦琐的汇报会议。每个员工的工作量以及遇到的问题，直接汇报给部门领导，部门领导再汇报给高层就可以了。不像其他公司那样，高层要召开会议听取中层的汇报，中层要召开会议听取基层领导的汇报，而基层领导则要召开会议听取员工的汇报。省略了这些没有必要的会议，自然让公司的效率有了很大的提高。据雷军说，小米公司成立3年多的时候，七个合伙人只开过三次集体大会。这中间节省了多少时间，可想而知，而这部分节省下来的时间，自然都用在创造利益上了。

对任何一家公司来说，沟通都是大事，而解决沟通效率问题就更显得重要了。一个管理者，想要了解团队的动向，很好地分配任务，与人沟通是必需的。好的管理者，就是能够解决沟通效率问题的人。

转变思路，　　第二章
找到出路

　　追求理想，就需要不断地妥协。
这妥协的过程，就是一个人成熟的过
程，就是一个企业成长的过程。

思考的重要性

心灵自由非常重要，特别是你能够有效地去思考问题。有些人每天也思考，比如说村里的一个妇女，在山里头没有太多的文化，你以为她不思考，她也思考，她也是思想家，只是说她那个思想，没有传播，或者说传播以后，没有引起共鸣。她也在思考，但是呢，她倒腾祖奶奶、祖爷爷那个事，跟我奶奶一样老打转地思考。

只要你心灵自由，就可以不断地打破这些意识形态和传统习惯，以及一些成见带来的壁垒。你可以想得很开阔，你能够对人生抱着一个乐观的态度，那么你就能够非常的淡定。

其实淡定的人，也都很简单，你跟神成邻居就淡定了，你跟人成邻居，就不淡定，因为什么呢？神是什么呢？在不确定中生存，神能确定，所以叫淡定，在巨大的空间，有差异性的空间，神一出现，把它变成零，挥成无，你们都是一样的。所以，无时间，无角色，无是非，无金钱，你就变成了一个淡定的人了，神不讲钱，神不讲人间是非，他讲人和我的是非。另外神没有时间的概念，24 小时找它老在，什么时候你跟它讨论，你都讨论不过来，所以我就说，如果你要心灵自由，你就几乎成了神的邻居。那当然你就俯瞰所有的事情，开阔，有历史感、纵深感，这样的话，你看问题，就能够知道我讲的不光是看见、看到、看清，你就能够看透、看破、看穿，最后你就能享受思考的乐趣。

——冯仑接受凤凰财经的访谈

冯仑是一个经营者，也是一个思考者。在中国，出过书的企业家很多，但更多的都是自传性质的，意在告诉别人自己都经历过什么，是怎么做企业的。但冯仑的书不一样，书中不仅有他的经历，还有他的思考。像《野蛮生长》《伟大是熬出来的》等等，都收录了很多冯仑关于人生、关于未来、关于企业经营的思考。

正是因为有爱好思考的习惯，才能让冯仑在商界风生水起、挥洒自如。通过思考，他对人生、对商业有了更深刻的认识，这份认识，就是他带领万通前行的资本，也是万通制造了很多理念性产品的根源。

一个思考的人，是一个旁观者，也是一个理想者。冯仑就是这样的一个角色，他不仅能够站在旁观者的角度看其他公司经营上的利弊，更是经常以一个旁观者的角度反省自己公司出现过的状况。万通有一个特别的反省日，每年都在坚持，这个反省日的存在并不是一种姿态，而是起到过实实在在的作用的。其能起作用的根本原因就在于，万通的人在冯仑的带领下，都懂得思考。

一个不懂得思考的人，在反省的时候，看到的肯定是自己的委屈和无奈。但一个懂得思考的人，看到的却是自己曾经的失误和所浪费的时机。前者会让人陷入抱怨的漩涡中不能自拔，从而怨天尤人。后者却可以让一个人保持清醒，及时改掉自己的错误，从而更好地前行。这就是万通发展的秘密，也是冯仑能够笑傲商场的原因。

一个管理者，同时也是一个领路人，处在这个角色的人，如果不能有一个清醒的头脑，如果不能不停地思考，那么总有一天他带领的队伍会被时代落下，这是必然的。很多时候，企业的发展决定于企业家的个人能力，而企业家能够发展，就在于是否总在思考。看他是否在总结过去，发现现在，规划未来。可以说，只要企业家的头脑不停，那么企业的发展就不会停。这两者是息息相关的。

冯仑是万通的创始人，也是万通的领路人。他知道思考的重要性，也经常向手下的员工传达思考的重要性。在冯仑看来，万通想要往前走，需要很多实干者，但也需要自己这样不停思考，有前瞻性的人。

在一次访谈中，冯仑曾说，万通需要他这样不停思考的人，他也确实通过自己的思考给万通带来了利益，也给客户带来利益。他觉得，万通的很多做法是值得自己骄傲的，他认为，万通在很多地方做到了创新，以此来告诉人们，原来城市还可以这样。而这一切，自然在于一种不满足，在于对现状的思考和对未来的憧憬与规划。

人生是有限的，但人的进步是无限的。有的人觉得自己没有进步，并不是失去了发展的空间，也不是自身不再有潜力了，而是从内心中自己放弃了自己，不再要求进步了，一个要求进步的人，必然是不停思考的人。就像冯仑，他走长征走过的路，他去思考长征面临的问题，从而得到关于人生，关于企业经营的启示。我们没有那种启示，不是没有冯仑般的头脑，而是没有冯仑那种意识。冯仑并不是因为去了长征走过的路，受到了启示，而变得更加充实，他是因为有成长的需要，有热爱思考的习惯所以才会去看长征走过的路。这个因果不能颠倒了。

企业要想在市场中占得一席之地，企业的领导人必须不停思考。京东商城的快速崛起是很耐人寻味的。在京东出现的时候，其实已经有好几个大的电子商务平台了。且不说早就成立的淘宝网，以及大牌电商亚马逊，那时候，当当电子也已经颇具规模了，但是即使这块市场竞争激烈，有很强大的对手，京东还是快速地崛起了，而且取得了很好的业绩，这些，当然跟刘强东个人的努力分不开。

刘强东是一个很爱思考的人，他不仅观察市场，思考企业的发展之路，还去研究客户。这些，都是京东能够快速成长的重要原因。

京东商城刚开始融资的时候，规模并不大，仅有 20 万的注册用户，20 万这个数字看起来颇为可观，但跟其他电商动辄上百万、上千万的用户比起来，就根本不值一提了。不过，就是这个小小的仅有 20 万用户的网站，却很快就赶超了上来。

之所以如此，是因为刘强东有着不一样的思考角度，跟其他的网站在意用户数量不同，刘强东在意的是用户的黏度。根据数据显示，京东商城开始的时候虽然用户量少，但用户黏度极大，注册用户中几乎有 40% 的客户，每天都要访问京东商场，这是一个奇迹般的数字。而就是靠着这种极大的用户黏度，京东才有了迅速崛起的条件。

用户所以爱上京东，跟京东的策略是分不开的。京东商城的愿景是改变人们的传统购物方式。他们更关注的是用户的体验。

刘强东是一个非常喜欢琢磨事情的人，他没事就爱研究用户的购物心理，思考什么样的方式会让用户更加快乐。正因为此，京东才有很多跟其他网站不同的设计。进入京东商城的页面之后，你会发现页面非常简单、干净，这样就突出了产品本身，能够最大限度地吸引住客户的眼光。还有就是京东的付款方式多样，他们是第一个拿着 poss 机送货上门的，这样就极大地方便了客户。当买一件大宗商品时不需要再去银行取钱了，收货的时候直接刷卡就可以。

在物流的建设上，京东也是一绝。开始的时候，其他电商都是依靠快递公司送货。这样就会多出一些不必要的环节，从而增加送货时间。但是京东却不一样，他们自己成立了快递公司，这样就极大地缩短了送货时间。这对用户来说，是非常具有吸引力的。

正是因为摸清了用户们的心理，京东商城才能在短时间内迅速崛起，成为电商中的大户。而这一切，靠的自然是刘强东那颗爱思考的头脑。如果是一个懒惰的人，自然不会去想这些。如果是一个愚笨的人，自然也不会从这个角度想。

商业竞争很残酷，也很艰难，但有时候其实也简单，比别人多思考就足够了。企业家、管理者是一个团队的头脑，而管理者本身的头脑自然就更重要了。

把客户的事当成自己的事

我能够走到现在，万通能够走到现在，就是因为能坚持理想，坚持自己的方向。以我为例，我在十几岁的时候就有了志向：让自己的工作、生命对社会有价值。然后这几十年坚持走下来，到现在，我做的每件事都能体现出人生方向。

拿我一天的工作说一下。我早上开了两个会，第一个会是分析现在商品住宅当中的市场问题，讨论公司下一步的营销和商品住宅的战略问题；第二个会是我们控股公司的一个会，和我们最近的一个合约有关，因为我们股东非常多，所以万通的工作是涉及50万人的事，我的一个决策跟这50万人都有关系。

中午是去商量商会的事。我原来在西安工作生活过，我成立了陕西在京的商会，有张朝阳、冯军等这些在北京的商人，大家一起商量商会的事。

之后我回公司开会，我们纽约中国中心与纽约市德勤会计公司联合在中国企业做宣传推广，希望他们去美国投资，我从那个地方结束后，到优米网来谈这些公众关心的问题，晚上要跟新加坡大学的校长讨论一些事，我在新加坡有一个公益基金，还有一个立体城市的研究中心。这是一天干的事。

我认为这一天的忙碌，做的这些都是对社会有意义的事，对社会某一部分总是有帮助的。做商会的工作是花时间不赚钱的，但这些事情我认为是比较有价值的，这样的价值，其实我们概括一个简单的词，就是做事。做事有三种，第一没事找事，第二把别人的事当自己的事，第三把自己的事不当事，这叫让自己对社会有意义。你反过来，比如说有事推事，把自己的事当别人的事，别人的事不当事，这就叫对社会没有意义。

——冯仑《行在宽处》

　　在一个公司中，管理者往往是做事最多的，他们总有开不完的会，看不完的文件。不过，同样是在做事，有些领导者能让公司快速发展，有些则把自己忙得不行，可公司却一点起色也没有。其中的差别，不在于做了多少具体的事，而在于如何做事。在这方面，冯仑的总结是，把别人的事当成自己的事，把自己的事不当事。

　　冯仑的这个表述方式，是带有牺牲性质的，不过却是非常符合商业精神的。人们都清楚，开公司的目的是赚钱，可是如何才能赚到钱呢？说到底不过两个字，服务。如果将自己的客户服务好了，自然就有钱赚了。如果服务不好客户，那么想从他们的口袋里掏出钱来，怕就困难了。作为一个企业家，一个管理者，想要将公司经营好，需要一种服务精神。

　　这种服务精神不仅是针对客户的，更要针对自己的员工，自己的合作伙伴。管理者要做的，就是用服务的思维来管理企业。通俗点说，就是按照为员工解决问题的思路去管理公司，那么员工就会有更多的工作热情。如果本着服务的态度去接触合作伙伴，那么他们一定愿意跟你合作更多的项目。如果本着服务的精神去满足客户的需求，那么他们一定会在你身上花更多的钱，让你得到更多的利润。

冯仑就是这么做的。他开出了自己一天的日程安排。从中可以看到，很多的事情，特别是一些比较花费精力的，都是与他自己关系不大的，甚至不能为他公司直接产生效益的，但他依然认真面对，甚至愿意花费更多的精力。这不是在没事找事，而是一种更高明的经营策略。

就拿举办商会来说，看似是与他自己公司无关的，但是却能帮他建立人脉，这些人都可能成为他的客户，他的合作伙伴。当别人茫茫然不知道该找谁做生意的时候，冯仑已经将可以跟自己做生意的人拉到身边了。而且，通过他对商会的努力，其他企业家也能看到他做事的认真，因此会更愿意跟他合作，他也就能获得更多的合作机会了。这是另一种智慧。

总之，对员工，不要一味指使，还要帮他们解决问题。对合作伙伴，对自己的客户更是如此，只有这样，才能让自己拿到更多的订单，赚到更多的钱。

如今是一个开放的时代，人们不仅有生理上的饥、渴、饿等需要，更是有很多精神上的需求。很多人，消费不是为了获得某一件具体的产品，而是为了获得一种价值上的享受。在这样的市场环境下，有服务精神，将别人的事，尤其是客户和合作伙伴的事，当成自己的事，将自己的事不当事，是最有利于企业的经营的。

在服务方面名声在外的企业，恐怕很多人第一时间想到的就是海底捞火锅了，他们确实是将服务几乎做到极致的企业。甚至很多人都觉得，去海底捞吃的不是味道，而是服务。而海底捞也确实是靠着强大的服务能力迅速崛起的，甚至引起了很多经济学人的关注，还有人专门就海底捞的服务理念写了一本书。

海底捞生意很火爆，常常需要客人排队等待，为了让等待区的客人不寂寞，他们准备了很多小食品，还有一些游戏用具，比如五子棋、跳棋等，一些打发时间的东西。当然，很多店里还有一个专门的书柜，放着一些时下的热点畅销书籍，供等待的人翻阅。

有一次，一个媒体人跟朋友去海底捞吃饭，正赶上人多，需要排队。中间，他就去书柜看了一眼，发现里面有很多盗版书。于是，这位媒体人就发了一条微博，大意是海底捞的这种服务意识很好，不过如果要都是正版书，那么就更好了。

等到这位媒体人吃过饭后，跟朋友离开的时候，又扫了一眼书柜，发现里面已经空了，一本书都没有。他打开微博，看到有海底捞给他的回复。首先是一个致歉，说自己这边没有注意，因此用了盗版书籍。然后说，所有的盗版书已经下架，并承诺在最短的时间内，将书柜中的书都换成正版的。这位媒体人看了这一切之后惊呆了，他没想到海底捞竟然可以做到这种地步。

这就是一种强大的服务意识了，透过这件事可以发现，海底捞人员一直在关注社会上对自己的评价，遇到不好的，便会第一时间给出回应和解释。如果对方不满意，而问题确实出在自己这边，则第一时间给予解决。这种强大的服务意识，正是海底捞可以快速崛起的秘密。

作为一个管理者，就是要给自己的团队这样的意识。从自身来说，要做到将员工的事、客户的事、合作伙伴的事当成自己的事，自己的事不当事。传输给员工的则必须是，将客户的事和合作伙伴的事当成自己的事，自己的事不当事。如果做到了这些，那么他所领导的团队也就自然能够快速发展了。

服务不是一个口号，是需要真正做出来的。给客户做好服务，需要一个公司的人集体去努力，而想要大家朝着那个方向努力，就需要管理者们的引导了。以身作则是必需的，不停传输理念也必不可少。

想创业，先要了解成功公司的发展模式

一般而言，公司必须经历三次转变，才称得起成功。其一，由做项目转变为做公司。创业起步，公司架构简单，人手不足，老板必须亲力亲为，所有精力都围着项目转。但如果一味如此，不能在掘得第一桶金之后迅速转型到办公司、管理公司上来，即解决如何依靠公司的组织连续生产（项目）的问题，那就会很快被项目或简单的生产规模扩大所拖死。其二，由做现在的公司转变为做未来的公司。一个公司正常组织生产经营并不难，难的是十年、二十年连续不断地增长，傲视同侪，领袖群伦。这就要求公司有良好的战略和管理能力。其三，由做对股东而言有价值的公司转变为做能够改变人类生活和社会形态、创造新的商业文明的企业。所以，研究决胜未来的力量，就是寻找决定这三种转变的规律性的东西。

——冯仑《伟大是熬出来的》

世上无难事，只怕有心人，在经营上面也一样。一家公司从创建开始，到发展壮大需要经历很长的时间，要参与者付出很多的心血，是一个漫长甚至有些煎熬的过程，但这其中，也是有规律可循的。

按照冯仑的说法，公司的发展要经历三个过程。第一是做项目，也就是赚钱，这时候资金的积累是最重要的。第二步是做公司，这时候强调的是经营的理念需要建立信用。第三步，就是看到未来，也就是预测和发现行业的发展，用未来的思维来做现在的事情。

这个分法，对于正处在创业初期或者还没有找到正确方向的管理者是非常有用的。

其实，冯仑的创业经历，也是经历过这三个阶段的。万通地产最开始成立的时候，是六个理想青年想要建立一番事业。最开始他们的思维就是做项目的思维，求的是发展，是大，是赚钱。那期间，他们做得也确实很成功，摊子铺得很大，全国各地都有业务。可是，很快这种思维的弊病就显现出来了。大家光顾着发展了，并没有很好地规避风险，最终导致公司欠债太多，虽然沿着这条路也能走下去，但是风险太大。这时候几个人做出了调整，最后有人出去单干，只留下冯仑自己经营万通地产。

在公司站稳脚跟，不管在行业内还是在客户眼中，都有一定的信誉之后，冯仑就开始着眼未来了。他通过跟房地产业的其他知名企业家的交流，和研究国外的发展模式，最终找到了自己的路，建立了高档注册住宅小区。这不仅是商业形式的创新，更是商业概念的创新，同时也让用户得到了更好的体验。这个阶段的万通，就是站在未来做现在的生意的万通。

经历过这三个阶段之后，万通可以说是一个成功的企业，也是一个值得敬佩的企业。而万通的发展过程，也可以说是冯仑个人思想的转变过程。当万通由一个只追逐利益的公司成长为一个可以创造未来的公司时，冯仑也由一个想着赚钱的商业从业者，成长为了一个具有前瞻性视野的企业家。

这种转变，就是从青涩到成熟的转变，也是从为自己到为社会为他人的一个转变。只有经历了这个转变之后，公司才算是真正成功了。

很多的管理者追求的都是冯仑现在所达到的境界，可是却苦于找不到

冯仑内部讲话 最新版

门路。如今冯仑用自己的亲身体验给大家做了总结，也给那些迷茫中的管理者提供了方向。一个管理者，可以没有创造奇迹的能力，但是参考成功者的模式，将成功者走过的路当成是自己的指导，一样可以成功。

有时候，成功未必需要绝对的创造力，能够发现前人成功的秘密，沿着他们的路走下去一样可以取得成就。等到有一定的规模之后，再建立属于自己的体系，同样是值得尊重的。

很多公司都是这样走过来的。如今的腾讯，是一家非常著名的公司，从某种程度上讲，甚至可以称之为伟大的公司。但在建立之初，腾讯其实并不起眼。提到腾讯，可能很多人想到的都是模仿。确实，腾讯创立之初，就是模仿国外的 ICQ 的。后来改名为 QQ，建立了自己的图标，才算是有了真正属于自己的东西。

在这最初的阶段，腾讯走的路，也是类似的做项目的路。他们将别人的成功模式复制了过来，将之当成了自己想要做的事情，于是便有了最初的发展。不过，起源于模仿的腾讯很快就终止了模仿，开始自己有特色地进行经营了。这一阶段，腾讯走的是自己的路。当然，在这过程中腾讯也有偶尔借鉴别人的时候，但已经不是早先的无大改变的照搬了，而是只借鉴思路，再融入自己的特色。在这个过程中，腾讯一点点走向成熟，开始用做企业的心态来经营了。

转变了思维模式之后，腾讯进行了很多的原创。微信是腾讯公司的原创产品，也可以说是一个具有划时代意义的产品，他改变了人们的生活习惯，改变了人们的交友习惯。这些，都是一家成功公司应该有的成绩。

而之所以能够做到这点，就是因为他们一直在跟随市场思考，在不断超越自己，走创新之路。因为他们知道，这是成功公司必须要经历的一个过程。那就是，当企业站稳了，眼睛盯得就不再是曾经的对手了，而是过去的自己。只有做到这点的公司，才是一个能够长久发展的公司。

在移动互联网聊天工具方面，腾讯的 QQ 无疑是市场占有率第一的。它跟手机实现了很好的结合，而且用户有很大的黏性，可以说，在一般人看来，腾讯已经垄断了这一块，不需要做出大的变革了。但腾讯自己却看到了潜在的危险，主动开发了微信，一个更加适合移动互联网时代的沟通工具，从而奠定了自己不可撼动的地位。这就是创新，是一种将昨天的自己当作对手的竞争，也是成功公司的最后一个阶段，在这方面做好了，自然就能保证公司的长远了。

纵观腾讯成功的路，就是先复制别人，再寻找自己的路，之后将昨天的自己作为对手进行不断的超越。其实，这也是那些小公司应该走的路。一个成功的管理者，并不一定是要刚出道的时候就发出耀眼的光芒，在创业的初期，借鉴一些前人的经验并不可耻，甚至在某种程度上说是必须要经历的。重要的是，当自己的事业到了一定的规模之后，要有自己的东西，要有从经营公司的角度看问题的站位。更重要的是，要有开创和发现未来的精神。

当然，在这个过程中，也是要有一些技巧的。要进行一系列的调查，选择那些成功的，或者有很大潜力成功的公司进行模仿。而不是随大流，别人怎么做自己就怎么做。这其中一定要有一个筛选的过程。可以说，如何筛选借鉴的对象，是尤其重要的。

不要在一开始的时候就将自己的眼光放得过高，那样并不利于成长。借鉴一下前人的经验，按照前人总结出来的道路前进，不仅可以少走弯路，还有利于更快地发展。

目标不能变，但过程中可以有所妥协

成功的企业家、事业家，在走向理想的过程中，一个重要的功课就是改变自己、提升自己，特别是在一些关键地方弥补自己的缺陷，让自己进步，让自己能够跟整体组织、外部环境和要求一致起来。就像对待微博，我发现有些领导喜欢死扛，对微博置之不理，但也有人非常快地适应了并顺势而为。我介于二者之间，天天琢磨，天天看，就是大家说的"潜水"。这也是改变，改变完了适应，最后带领组织顺应时势，继续坚持往前走。

要想把理想变成现实，我们需要避免体制性摩擦，需要处理好偶然事件，需要学会妥协，最终改变自己。当你第二天醒来的时候，你会发现，理想就站在你面前向你微笑，这时你才真的成功了。

——冯仑《理想丰满》

冯仑是一个有理想的人，也是一个始终坚持按照理想去做事的人。不过随着年纪越来越大，阅历越来越丰富，他觉得自己之前的做法或许也是有问题的。冯仑发现的问题不是不应该坚持理想，而是要学会适当地妥协。

最开始让冯仑有这个认识的是他的合伙人之一王功权。冯仑曾说，王功权经常批评他，说他总是强制别人按照自己的理想去做事，可是，万一冯仑的这个理想是错误的，那么岂不是所有人都跟着白白付出了吗？冯仑反思了这件事，最后觉得，王的话是有道理的，自己有理想没错，但不能绑架他人也跟着自己的理想去做事。有了这番反思之后，他明白了，企业家要有理想，这是将企业做大的必要因素，但却不能总是强迫别人跟着自己的理想走，有时候也是需要变通和妥协的。如果浓缩成一句话，就是"理想不能变，但过程中可以妥协"。

中城投资是中国规模最大、运行最好的房地产基金，是由众多房地产人共同开发出来的，冯仑和王石等都是这个基金的管理人。在中城投资最开始建立的时候，资金只有八千万，不过很多成员却有大理想，觉得合作者都是房地产的大佬，那么就应该有大气势，将之做成中国最牛的房产基金，如果不能达成这个目标就不做。这时候，王石说了一句话，他说现实不是理想，我们要做的是先将基金建立起来，然后慢慢做大，一点点往前走。王石的这个说法显然跟众人的理想是不一致的，太过保守了。如果按照冯仑年轻时的性格，肯定不会同意，他会觉得这跟自己的理想不符。可是那次冯仑并没有反对，反而支持王石的做法。最终，他们靠 8000 万注册了互助性基金，之后一点点做大，终于成了国内最大的房产基金。

在写到这件事的时候，冯仑表示，这就是一个理想不变，但过程中可以妥协的事例。如果单纯按照理想来行事，那么基金建立的时候，就应该是大动作的，有大规划，有大笔资金，否则宁可不做。但是显然当时没有这个条件，不仅是资金方面，经验等也都不足。这时候就要学会妥协，让自己的步子慢下来，将理想装在心中，一点点朝着理想中的样子去努力。在这个过程中，目标是不变的，只不过选择了另一条路而已。这就是为了理想在妥协。如果目标变了，看着手里的钱不够建成国内最大的基金，于是放弃了想法，内心觉得随便应付一下就好，那么肯定就不会有最后的成功了。

一个管理者，要有自己的理想，也要为自己的团队构建理想。可是要明白，个人有理想或为团队构建理想并不是最终的目的，实现这些才是最终的目的。如果理想没有实现的可能，那么就只能是空想了。构建完可以实现的理想之后，就是如何去做了。首先，坚持是必需的，但如何坚持也很重要。很多人不仅头脑中有理想，行动中也是理想化的，他们的准则是如果不是最好，那么宁可不做。这就有问题了，实现理想必须是一个漫长的过程，如果一下子就能实现，那么不叫理想，只能是一个短期的目标。而这个漫长的过程就是准备一个个条件的过程，当所有条件都具备了，理想自然就实现了。如果想要在第一时间就具备所有的条件肯定是不现实的，如果缺乏其中的某一个条件就宁可不做了，理想也注定是不能实现的。追求理想，就需要不断地妥协。这妥协的过程，就是一个人成熟的过程，就是一个企业成长的过程。

有人曾说，联想有今天，是因为忍耐了很多常人无法忍耐的东西，背了许多本不属于它的黑锅。但柳传志却全做到了，他发展了企业，也成就了自己。

与同时代创业的许多其他企业家不同，柳传志的身上有很多变通的因子，他的骨子里是有着理想化情结的，是非分明、正直、有原则，但在具体做事的时候，他又是一个懂得妥协的人。

柳传志曾经说过："为了实现某个目标，有时候可以妥协。但要记住，目标本身不能变，这一点是要坚持的。"如果归结为一句话，那么就是，妥协不过是一种手段，而不是目的本身。

柳传志是有大理想的，他不仅想要经营好自己的企业，赢得更多利润，更是想要做到国际知名，走入国际市场。正因为这点，柳传志才带领联想收购了 IBM 的笔记本业务。而在这个过程中，柳传志也是做了很多妥协的。

首先是文化上，两个公司合并之后，肯定要有统一的文化，在这点，联想做了一些妥协。他们规定，如果 IBM 那边不能忍受某些联想的原有规定，那么可以商量。其次是员工的待遇方面。IBM 是国际大公司，员工待遇也很好，他们的待遇要比联想员工高很多。两家公司合并为一家之后，那么一定要有统一的制度，也应该有统一的待遇。可是联想考虑到了 IBM 原本团队的凝聚力和效率问题，决定维持他们的原本薪资水平，并规定在 3 年内不改变。

这也是一种妥协。每个管理者都知道，员工之间是有攀比心理的，所谓不患寡而患不均，如果公司内部某些员工的待遇整体比别人高，那么一定会引来不满。可是，联想的情况是人家本来高，现在降低了一定会不满，因此他们维持了 IBM 团队之前的高标准。让新来的同事能有工作热情。但是本土的员工，自然就有意见了。

而这些，自然需要联想的高层去沟通和做工作。事实证明，他们做得很好。联想的员工一样是有着以前的高热情度的，并没有因为待遇有不同而闹情绪。

这些都是联想的妥协和付出。在一般人看来，这种做法怕是跟高明的管理方式相冲突的，但其实不然。对于一个公司来说，制度很重要，统一的制度更重要。但要明白，为什么有制度，不是为了约束人，而是为了企业运营能更加高效。因此，如果始终坚持高效为目的，那么暂时的制度不平等也是没有问题的。有问题的是制度始终不平等。这就是联想的过人之处，也是柳传志等人的妥协智慧。

成功需要理想，成功需要坚持，但成功更需要会妥协。一个管理者，承担的是整个团队，自然要比别人付出更多，偶尔的妥协，不是认输，也不代表失败，只是获得成功的一种方法罢了。

理想让你看见别人看不见的地方

非常感谢大家请我来分享自己的心得，我刚下飞机突然又想到今天讲座这件事，我就想起两个对境界的理解的极端。一个是高雅的，一个是粗俗的。大家一定想听粗俗的，我先讲粗俗，再讲高雅。

大概 20 年前，我跟第一个老板打工的时候，第一次开始思考境界。老板举了个例子，说有一个保姆端上一盘菜，菜上放了一块肉，有的人看到的是盘子，有的人看见的是保姆的手沾着油汤，有的人看到的是油汤，我看到的是油汤上沾着的烟灰。这是境界，很多人不幸被盘子绊住了，现在还在学习。

我再说高雅的境界，我知道王国维曾说人生有三层境界。比如看书，第一层境界是昨夜西风凋碧树，独上高楼，望尽天涯路。这个情景就是找一个小凉亭待着。第二层境界是谈恋爱时经常用到的一个说法——执着。第三层境界是众里寻他千百度，蓦然回首，那人却在灯火阑珊处。突然顿悟了，美人就在当下，就在怀里。他讲的这个意思连续起来就是，第一要看到别人看不到的地方，第二要坚持不懈地追求，第三要在当下追求结果。第一次看到陈东升是我骑自行车到人民大学那里想帮他写稿，东升是青年论坛北京负责人。那时候要是没有一点理想、坚持，今天东升也不可能发展那么好。

这两个故事结合起来看实际上就说明了为什么每个人看到的东西不一样，有的人看到了烟，有的人望到了天涯路。一个企业在创业当中要怎么样看别人看不到的地方，怎么用价值观引导人看见别人看不见的地方。这个价值观其实就是理想，人们经常看不见，有一个项目竞标的问题，谈到最后我发现我们是价值观不同。这个项目中我只看到一点点跟我有关的事情，他却看到很多，江湖上这么多力量，我个人对"大哥"跟"兄弟"的差别在哪的看法是，出手就意味着结束。大家在打乱仗，大哥跑了就都跑了，或者大哥被砍死了就结了。所谓兄弟、小弟就是出现这个事你解决不了，然后都去学大哥，我们经常做决策，决策一旦敲定这个事就结束了，不要又扯出很多事。价值观让你看到彼此不同的事，低风险、高回收、吃软饭、戴绿帽、挣硬钱，先前大家知道我们话题很糙，但是不同价值观看到的东西不一样。

——冯仑在"第八届中国企业竞争力年会"上的讲话

理想，是一个人心中的愿景，更是改变自己的动力，而有宏大理想者，则又会生出改变社会的动力来。

冯仑就是一例，他是一个有宏大理想的人，一直想要做出些杰出的成绩，给社会、给历史留下点什么。因为有了这种想法，自然考虑问题站位就更高。当其他的房产企业老总将眼光停留在每一个具体项目上的时候，冯仑已经开始思考人们的居住环境和未来居住形式了。正因为此，冯仑领导的万通第一个做出了国内高档注册小区，给房地产创造了一个新的发展方向。

2008年的时候，冯仑又制定了一个绿色战略。所谓的绿色战略就是将绿色变成一种竞争力，目的在于给住户提供一种更加舒适、更加环保的居住环境。

之所以能够有这一创举，还是跟冯仑的理想有关的。一般的房地产公司定位是给用户提供舒适的住房，但万通的理念却是给用户提供价值。这样，他们就会从不同的角度思考。而绿色战略正是这一思维的直接成果。它主张的就是给客户提供更有价值的空间，其中包括环境价值、健康价值等，这些都是人们所向往的，也是现代人所需要的。

万通的绿色战略开始实施后，就取得了很大的成功，不仅用户们满意，国家也给予了很大的鼓励。因为这种做法符合时代的发展需要，更是满足了人们的更多需求。在 2010 年的时候，万通公司还因为自己的绿色战略获了很多奖项。这里不仅有行业协会颁发的，还有政府颁发的。这说明，万通的绿色战略不仅得到了同行们的认可，更是符合国家的发展方向。

这就是一种超前思维了。也就是能够站在未来的角度做今天的生意。而万通能做到这一点，自然是因为冯仑能看到别人所看不到的。他能做到这点，则是因为自己有理想。

因为有宏大的理想，因为想要用自己的努力改变人们的生活方式。所以冯仑的着眼点不是某一个具体的项目，而是整个市场，甚至是社会的发展。这种站位让他能够看得更深、更远，而这深远的目光，自然会产生奇迹般的效果。这就是理想的重要性了，它虽然不能吃、不能喝，却能让人获得更好的赚取物质的能力。这正是一个企业管理者所需要的。

理想不仅是一种精神支撑，也是一种精神境界。它可以给人提供奋进的动力，更能让人看到别人所看不到的。商业竞争就是发现别人发现不了的机会，创造别人无法创造的利益。而这些，理想都能为我们提供。一个管理者，不仅是一个企业的带头人，更是为这个企业编织梦和理想的操刀者。如果这个梦或理想编织得好，那么企业自然就有了更大的发展空间了。

有理想的企业家才有美好的未来。百度公司从开始创建到如今，已经有十多年了，在这十多年当中，有过辉煌，也有过无尽的困难，这些百度都经历过了。如今，百度已经是互联网业的骄子，是一家成功的大公司了。不过虽然公司名声、影响和规模都有了，但困难依然在。

据李彦宏自己说，百度从创立以来，一直在高速发展，在不停推出新的东西。在用户看来，这些东西很实用，可是对百度人来说，有时候确实煎熬。他说，基本上每一年大概都有一两次会觉得企业太难做了，真的做不下去了；会感觉如果面前的这道坎如果过不去的话，这个公司就要完了。可是，最终百度每次都能挺过去，而且还能取得更大的进展。这一切，靠的就是理想。

李彦宏说，没有理想的创业者，就不要做下去了。

理想不仅给李彦宏提供了坚持下去的动力，也让他创造了很多别人想象不到的东西。在回顾百度的发展的时候，李彦宏表示，百度能有今天，最重要的是他的心中还有一个理想，即想要让更多的人从自己所从事的工作中受益，让人们可以更加快捷、便利地获得信息，找到自己想要的。

正是因为有这个理想在，所以李彦宏不停地研究客户的需求，想象着社会的未来将会是什么样子，人们将会产生哪些新的需求。之后，便根据这些制定百度的发展战略，从而创建了很多其他互联网公司想象不到，但却拍手称奇的产品。

这就是理想的作用，可以让一个人站在更高的角度去看待问题，从而发现别人所发现不了的东西。而这些，反过来又会成为一个企业的竞争力，为企业谋利。这是现代企业所需要的，更是现代的企业人、管理者们所需要的。

　　在一个封闭的市场环境中，企业管理者只需要做好自己的本职工作，盯好每一单业务就可以了。环境的封闭决定了企业没有太大的发展空间，也不太会产生太大的变化。可是如今不同了，这是一个开放的时代，也是一个变化迅速的时代。在如今的社会中，知识更新频率极快，改变人们生活方式的产品不断涌现，同时，人们的思维也在快速地发生着变化。今天的我们，甚至已经很难再很好地理解十年前自己的日常行为了。

　　在这样的环境之下，管理者需要的就是一种高的站位，要有更开阔的眼界。只有站在时代的前沿，看到时代的变化，才能在别人还没有察觉的时候开始行动，制定好的企业发展战略。而这些，自然是要靠理想来支撑的。没有理想的人，注定只能看着自己眼前的小利润。只有有理想者，才能发现别人无法发现的，做到别人做不到的。

找准方向，快速奔跑

万通是一群立志推动中国现代化事业的青年知识分子献身事业的大舞台。将近三年的时间里，我们不仅抓住了海南经济起飞的机遇，迅速完成了"原始积累"，更重要的是建立了坚实的合作的思想基础和利益基础，比较顺利地解决了"三关"（排座次、分金银、论荣辱）的难题。

万通最值得珍视的东西，不是已赚到手的利润，而是"毋忘在莒"的座右铭；是承认我们这群有缺点、没经验的人的合作是一个历史过程；是必须"走过历史"，采取事缓则圆的工作方法，努力完成由"梁山泊"到"独联体"（独立法人联合体）再到现代企业制度，同时使自己由"绿林好汉"，变成现代企业家的韧性追求；是坚信企业竞争归根结底是人的竞争，而人的竞争最终是人的学习能力的竞争，因而将学习看作企业成败关键的反省因素，以及结合中国特殊国情特别是体制转型期制定的一系列经营方针与策略等。这些已逐渐形成了万通的企业文化。我们看到，它的价值和生命力远远超出公司的经营范围，将日益显现出更宽广更强大的辐射力。万通事业的成功最终将是万通企业文化的成功。国家要有主义，公司也应当有灵魂，这灵魂就是我们所说的企业文化。热爱万通的过去，追求万通的未来，就必须坚信万通的企业文化。它可以指引我们走向胜利的方向，我们要坚持。

如何经营公司很重要，为公司寻找正确的方向更重要。这是冯仑给创业者们的忠告，也是他自己的经验之谈。一个管理者，要懂得为公司寻找正确的方向，然后打造团队的凝聚力，朝着正确的方向迅速跑。

这里所说的正确方向，并不只是公司的经营方向，还有管理、企业文化建构等方面。万通是几个朋友合伙开办的公司，这样的公司在完成原始积累的过程中是有优势的，因为合伙人之间彼此了解，有很多共同点，而且彼此信任，沟通成本低。可是一旦完成原始积累之后，就容易出问题了，会出现有人觉得利益分配不均等矛盾。但万通却没有这方面的问题，因为冯仑一开始就给万通定了基调，制度为王。这就是一条正确的路。

万通成立的时候，正是改革开放初期，那时候很多制度还不健全。各个企业也都是粗放式的，很少有建立董事会的。不过冯仑却主张万通实行董事会制度，这在当时是一种前瞻性的做法，也是一条正确的路。正是因为选择了这条正确的路，万通才没有像绝大多数合伙公司那样，做到最后不仅公司经营出现了问题，合伙人之间也做不成朋友了。

冯仑独自接手万通之后，也同样在为公司的未来发展方向思考着。他一改之前的做法，强调专业化，只盯着产业中的一小块，立志做到专业，就是给万通指定未来的路。事实证明，这个方向也是正确的，而且他也确实带着自己的员工快速前进着。

随着社会的发展，人们生活水平的提高，人们的生活理念也发生了改变。这时候，冯仑再一次为万通找到了正确的路，开始构建高档社区，贩卖新的居住理念。这一次，依然是成功的。

这就是冯仑的能力了，他总是能在关键时刻帮助公司找到正确的路，然后带领自己的团队，沿着这条路快速前进。这是一个管理者应该有的能力，也是一个管理者要努力的方向。

对于一个公司来说，管理者就像是船长。他不仅要管理别人，更要对公司的各种行为负责，同时也要为公司指引方向。而想要做好这些，首先自己要有宏大的视野，有更高的站位。在纷繁复杂、变化迅速的市场环境中，准确定位自己，找到公司的位置以及应该走的方向。这些，都是管理者应该具备的基本能力，也是一个成功的管理者应该具有的素质。

有人说，在错误的道路上，就算奔跑也没有用，反而会因为速度快而提前走入歧途。不仅人生如此，经营企业更是如此。而管理者，就是那个寻找路的人，他需要引领方向，更需要给员工鼓劲。总之，一个管理者，要学会带领自己的团队在对的路上狂奔。

方向不是一下就确定的，而是公司在发展中一步步摸索出来的。联想最初成立的时候，做的是技术服务和贸易。最初的时候，柳传志和几个合伙人的主要业务就是帮别人检查和装配电子计算机，并靠这些赚到了联想的第一桶金。不过虽然做这些很赚钱，但却并不是柳传志想要的。他觉得，想要将联想做大，就必须要有自己的东西。这也是他的梦想，做一个有为的企业家，而不是一个帮人配电脑的小企业老板。

不久之后，柳传志发现了联想汉卡，他觉得这是一个发展方向，于是开始大力推广。后来经过不断地测试、调整和创新，联想汉卡很快就占领了市场。在别人眼里，此时的联想已经走上了轨道，可以快速发展了。不过柳传志并不这么认为，他还是觉得，自己现在选择的路，虽然可行，但不是最好的。

果然，没多久，中关村的兴起，让行业竞争达到了白热化。而柳传志也认识到，做汉卡或许可以赚钱，但却并不能让企业持久发展，更重要的是，这样做下去，出不来成功的企业。

这时候，柳传志又开始寻找公司的新发展方向了。经过对市场的考察和判断，柳传志最后认为，在未来的世界里，微型计算机，尤其是便携式的微型计算机必然会有大市场。这便是柳传志为联想找到的路了。

确定了发展路线之后，就是埋头去做了。当时，国内电脑市场还比较落后，没有强大的自主研发和生产能力。于是他将目光投向了海外，跟有技术条件的公司合作，自己研发便携式微型计算机，即笔记本电脑。终于，联想从一家代理公司，变成了一家制造型企业。

柳传志的决定是对的，靠着笔记本业务，联想不断发展、不断进步，最后还收购了笔记本业务的前辈，IBM 公司。今天的联想，已经是一个国际知名的大公司了。也是一家值得别人尊重的公司。他们有今天的成绩，靠的自然是柳传志为公司指定的路线，一条正确的路。

一个管理者，尤其是成功的管理者，一定是有着强大的判断力和前瞻性的。他要能看到未来的发展趋势，更要有决断力，判定趋势之后，大胆尝试和改革，第一时间沿着那条路去走。如果只有前瞻性，却没有决断力，不够果断，那么也是不行的。我们可以看到很多人说话的时候很有气派，总是跟别人说，某某东西出现之前他就预测到了。这是没有用的，只有做到了才是真正的能力。预见到了，却不敢去做，一样成就不了事业。

这就是对管理者的要求了。要有准确而又敏锐的目光，更要有强大的决断能力。有了这些，自然就能为自己的公司指定正确的路，然后带领自己的团队在这条路上大步前进。对一个企业来说，发展方向是重中之重，而这最重要的工作，必然要靠管理者来做。

眼界和胆识是
成功者的标配

第三章

职业董事长的三件大事：第一，看
别人看不见的地方；第二，算别人算不
清的账；第三，做别人不做的事情。

预见趋势，创造未来

　　我想先跟大家分享一个故事，非常有意思。北大今年招收的哲学研究生当中有一个奇才，这个奇才本科学的是技术，在北大开了一个很小的窗口卖火车票。为什么呢？因为每年春运的时候，他发现所有的卖票点都有非常多的人在那里拥挤。他说这些民工比较盲目，就在窗口那里乱挤，这里不行到那里，那里不行再换一个地方。然后他开始研究全国的火车票，火车票是怎么卖的，哪里是和哪里连的，哪一个窗口几点到几点上班，是哪一个服务人员服务。他把这些搞得非常透彻之后开始卖火车票。口碑出去之后，大家知道到他那个地方买票非常简单，一定可以买到，很方便。他自己觉得很有意思，这个生意就一直做着，今年他读了研究生，考到了哲学系，人家问他为什么考哲学系。他说他觉得自己就是一个哲学家，因为他每天都要问一个问题：从哪里来，到哪里去？因为卖火车票，他要向所有来买票的人问这两个问题，这是哲学的终极问题。我们也经常要问这个问题，是从肯尼亚来到火星去，还是从阿拉斯加来，要到木星去。所以我们今天这个会议也是要回答一个问题：从哪里来，到哪里去。

——冯仑在复旦大学的演讲

作为一个公司的管理者，很多人每天都要碰到很多事情，有大的，有小的，有重要的也有不重要的。这些形形色色的事，组成了管理者们每天的生活。不过，如果对这些事进行分析整理之后就会发现，其中有很多是基本的，要用基本的能力去做，这些做好了，那么其他的事情也就不难做了，解决剩下的问题就只剩时间了，在决策上，已经不存在难度。

冯仑觉得，管理者就是要懂得做一些基本的事，或要培养自己一些基本的能力，这些解决了，那么就什么都解决了。

在冯仑总结出的经验中，第一条是趋势。冯仑嘴里的趋势从某种程度上，也可以用经验来替代。不管多么厉害的企业家，总要做些自己不熟悉的事，要面对自己不熟悉的领域。尤其是今天，社会变化速度极快，新事物层出不穷。很多公司都要面临转型，这时候就更是要做基础而不熟悉的事情了。而在不熟悉的领域的时候，首先就是要去了解，去判断，去积累经验，发现趋势。

冯仑的眼界是很大的，他的万通地产在中国做得很成功，不过他却不想止于此。冯仑一直就有去美国做房地产的想法，而事实上也确实做到了。不过在刚刚决定去美国做的时候，冯仑是做了很多准备的。那 10 年间，冯仑一共去了 50 趟纽约，为的不是体验异域风情，不是见识不一样的文化，而是为了研究纽约的房地产，看他们怎么做，了解市场，学习经验。最终冯仑靠自己前期的积累，成功完成了自己的凤愿，在纽约做成了项目。

这就是一种依靠不停的琢磨和探索发现不熟悉领域的趋势，获得不熟悉领域的经验的过程。在这个过程中，冯仑无疑是成功的。

第二就是分析和判断力了。作为一个领导者，不仅需要决断能力，更是要有强大的分析和判断力。而分析和判断力的基础，则是逻辑能力。逻辑是可以后天培养的，比如进行数学学习，或者读一些哲学的著作，这些都能提高人的逻辑能力。在这方面冯仑也是下过功夫的，他有阅读的习惯，也有阅读的爱好，并从阅读中锻炼了自己，提高了逻辑能力，也完善了自己的分析和判断力。一个管理者，想要充实扩大团队，首先要做的就是充实和扩展自己的头脑。

第三就是直觉力了。很多人都觉得，直觉是天生的，其实不是，直觉也是可以培养的。而培养直觉的方式，就是将前两条做到最好，做到完善。当面对一个领域的时候，如果对这个领域足够了解，知道它的起源和发展，知道它都经历过什么，本身又有强大的逻辑分析能力，那么就不难通过直觉判断出这个领域的未来发展方向。掌握了这种能力，自然就能让自己的团队在领域内良好发展了。这些，都是一个合格的领导者所要具备的。

总之，作为一个企业的管理者，一定要通过充实自己，看到别人看不到的东西。只有这样才能做出别人做不出的事，生产出别人生产不出的产品。这些，都是一个企业发展的基石，也是一个企业最大的竞争力。

随着科技产品的不断更新，人们的生活习惯也产生了很多变化。几年前是电脑的天下，不管是什么产品，只要能够跟电脑很好地结合，那么就有了很大的成功机会。但随着智能手机的出现，电脑也渐渐受到了冷落，尤其是在交友聊天方面，更是如此。很多人开始放弃在电脑上登陆自己的QQ，而是长期在手机上挂着。

人们这一习惯的改变，必然会造就很多企业，也会让很多企业走向没落。关键是谁能够更先、更快地发现市场，发现用户的需求，看到别人看不到的地方。在这方面，做得最成功的，自然是腾讯的微信。

谈起微信的缘起，微信业务负责人、腾讯公司副总裁张小龙曾表示，他很早之前就注意到了国外的Kik（一款手机通信录的社交软件）这类应用呈现出的崛起之势，之后便向腾讯高层建议启动一个手机通信工具类的项目。他的这个想法，得到了马化腾的认可。不久之后，腾讯就推出了微信。

微信刚出现的时候，虽然也得到了人们的认可，很快积累了大量客户，但腾讯的竞争对手们，并没有意识到这个产品的可怕之处。直到微信彻底爆发，改变了人们的很多交友聊天习惯之后，各大互联网公司才意识到，危机来临了。马云曾经在公司会议上表示，要把企鹅赶回南极去，就是针对腾讯推出微信这一行为的。不过那时候已经晚了，微信早已经成了人们无法舍弃的一种聊天工具了。

这就是腾讯的成功之处，他能在别人还没有意识到变革即将来临的时候，就发现机会，并牢牢把握。等到对手反应过来时，他们早已经成功了。这就是能够看到别人看不到的东西。很多人觉得，看到别人看不到的东西是很难的一件事情，需要很强的洞察力。其实，也未必如此。

变化即将来到的时候，都是有预兆的。尤其是近些年，我们经历了很多次变化。人们由传统时代进入了信息时代。这个时期，电脑从出现到普及，改变了人们很多的习惯。其中各大互联网公司功不可没，也获得了很多的成果。因此，当智能手机出现的时候，就应该有意识地预见到，或许在手机功能上，会有一个跟电脑一样的发展过程。现在看来，似乎确实如此。这时候，机会就来了，能够意识到这点的，也就是能够看到别人看不到的了。

就像微信，从某种程度上讲，不过就是手机版的QQ罢了，其功能设计跟手机的契合度，与QQ与电脑的契合度是一样的。腾讯看到了这个机会，因此迅速抢占了市场，其他公司没有看到，自然只能看着腾讯发展壮大而一筹莫展。

创新，有时候很简单，看到别人看不到的就可以了。而想要做到这个，有时候并不需要强大的预见未来的能力，通过总结过去，通过成功公司的经历，一样能得到启发，最终让自己将事业做得更好。

打破思维习惯，做别人不做的事

万通一直很重视创新，所以我们要加大研发力度。万通地产每年都有研发经费，每年都会发布新产品。你看我们用售后回租的方式来运作工业地产，这正好符合万通"守正出奇"的核心价值观。

我们要站在未来安排今天，看别人看不见的地方，算别人算不清的账，做别人不做的事，让整个公司变成一个具有前瞻性、创新性、服务性的公司。"前瞻性"是要战略领先；"创新性"是产品、商业模式、发展道路不断创新；"服务性"包括物业管理、资产管理、价值管理、财富管理等，房地产业是服务业，我们要把房地产作为服务业来做，不能停留在制造业的概念上。这3点是引领公司向前发展的最重要的力量。

——冯仑接受中国地产商报的采访

成功有时候其实很简单，就是做别人不做的事，并将之做好。万通地产股份重分之后，归到了冯仑一个人的名下，他成了名副其实的万通领导者。在经过一系列的努力之后，停下来的列车再一次飞速向前发展。万通又崛起了。

而在万通的发展史上，有一个很重要的项目就是跟香港置地合作的。

当时的项目名称是新城国际。可是，在谈判的时候出了点问题。如果按照合作方的要求来做的话，那么冯仑的万通地产要付出将近 8000 万的中介费用。这不是一笔小数目，更重要的是，在北京所有的住宅小区项目中，从来没有哪一家在这一块上花过这么多钱。

这时候，冯仑的很多朋友都出来劝他，说他是大股东，没必要出这么多钱，这样做成本会增加，生意也不好做了。而且，对方这种狮子大开口的行为，显然有点故意黑钱的嫌疑。所以，按照大多数人的看法，这个项目不应该去做。

可是冯仑不这么认为。他觉得对方是知名的大公司，千里迢迢跑到这么远来做生意，肯定不是为了黑自己这点钱的。因此对方的信誉应该可靠。而且，如果换个角度想，自己从未走出去到发达地方看过，不知道人家是怎么操作的，或许在人家那里这样的做法很正常也不一定。

当时，冯仑将自己比作一个刚进城的农村小姑娘，觉得自己正处于看什么都觉得太贵不划算的阶段。如果想要适应城里人的生活，做一个有眼界的人，那么就要改变自己的行事方式，该花的钱就得花。于是，冯仑依然决定拿这笔钱跟对方合作，做一个别人眼里的"傻瓜"。

最终证明，冯仑的决定是对的，他们跟香港置地合作的那个项目很成功，而且之后一直在合作。冯仑曾说，跟香港置地合作的十几年间，自己改变了很多，从人家那里学到了很多东西，让自己的公司也更加现代化，更能跟国际接轨了。

成功有时很简单，就是敢去做别人不愿意做的事情。冯仑选择了这条路，不仅为公司赢得了一个好的项目，还为公司获得了一个好的合作伙伴，更是学到了很多先进的管理和经营的经验。

著名的奇虎 360 公司一开始走的就不是寻常路，它推出的 360 杀毒软件一上市就引起了轰动，之所以如此，不是因为它的功能强大，也不是因为它在技术上做了大的创新，而是因为两个字，免费。在互联网时代，免费的东西是很多的，像邮箱、搜索等都是免费的，可是杀毒软件向来收费。而且，业界将这个当成是最后的堡垒。可是周鸿祎将这个堡垒从内部打破了。他这么做引起了很多同行们的不满，觉得他是在扰乱市场，而且如果一家公司不赚钱的话，也注定失败，因此当时很多人都不看好他。

但周鸿祎坚持免费的理念，不仅没有失败，反而取得了成功，360早已成了绝大多数用户的不二选择。在总结周鸿祎为什么会成功的时候，很多人都将原因归结为一点，他只是做了别人不做的事情而已。杀毒软件行业早已存在，而且有很多知名的大公司，可是却都被360打败了，原因就是他做了一件大家都不愿意做的事情。

无独有偶，史玉柱也做了一个免费的产品，即征途游戏。在征途之前，网络游戏都是按照在线时间收费的，可是史玉柱没有这么做，他宣布，征途不按照在线时间收费，这一决定帮征途吸引了大批的玩家。在游戏行业当中，史玉柱也跟周鸿祎一样，是一个胜利者。

在他们做免费产品的时候，很多人都是抱着怀疑的态度的，觉得这就是在赔钱。可是精明的管理者却看到了别人看不到的东西，做了别人做不到的事情。他们深谙一个道理，免费的才是最贵的。

在互联网时代，只要有用户，就不愁赚钱，而免费，自然是最好的吸引用户的方式。在有了用户之后，赚钱也就不难了。周鸿祎选择了类似传统方式的用广告赚钱，史玉柱则选择了不按时间收费，但要购买游戏道具的方式盈利。他们都是成功的。

借鉴成功企业的经验，首先要借鉴的就是他们的思路和想法，了解他们靠什么做到了成功。而周鸿祎和史玉柱的成功方式，自然就是做别人不做的事。用另一种方式讲就是，当别人都想着如何从用户身上再多赚一分钱的时候，他们的想法是，如何让用户获得更满意的使用体验，然后让他们自觉拿出钱来。这就是做别人不做的事所能带来的好处了。

传统的思维和行为方式是我们所习惯的，但很多时候，只有打破这种习惯，做别人不做，或人们都认为不对，但又对人无害的事情，更容易成功。它需要的是一种反向思考的能力，要学会从另一个角度，甚至从对立的角度去思考才可以。

当一个商家将客户看成是自己的对手，千方百计想从客户的钱包里将钱掏出来的时候，用反向思考的方式，给他们提供更好的体验，做别人不做的事情，自然是更容易让客户花钱的。站在客户的角度上想，做竞争对手不做的事情，就是成功的基础。

规避风险，让公司活下去

我们从整个公司的发展状况来看，一定要有一个反周期的历史，所以万通地产从 1999 年以来，当大家都疯狂扩张的时候，我们一直在讲反周期。为什么呢？

我们从海南出来后发现大多数的公司有四种死法。第一，社会革命，政权改变，制度变革。比如 1948 年做了一个企业发展得很好，1949 年就不一定好。你要是萨达姆时期最好的企业，美国人把他推翻了，你的企业也就死掉了。第二，恐怖事件和自然灾害。9·11 后，很多保险公司就垮了；海啸后，很多公司也会垮。第三，技术革命。当手机出现的时候，BP 机就没有了；汽车出现的时候，三轮车、马车没有了；当有了塑料后，搪瓷下来了。第四，商业周期。商业周期不断波动会让很多企业死掉。所以 1993 年后我们就在想我们怎么才能不死。社会革命，陈胜、吴广来了，你也没有办法，小乱进城，大乱下乡，只有跑了。怎么办呢？只有买保险了。美国世贸中心老板，在 9·11 事件发生前的两个月买了一份恐怖主义保险，结果 9·11 事件发生后，获得了 60 亿赔付。但商业周期没有办法，为了避免商业周期造成的死亡，只有靠智慧、经验来见机行事。

1993 年后，我们采取了反周期的安排，想着怎么样做到"别人办丧事的时候你办喜事"，"别人办喜事的时候，你居安思危，做好离婚准备。"到现在为止，在 A 股上市的 135 家房地产公司当中，我们的现金状况好，负债率非常低，每股净现金流是少数正数的几家，这正是因为我们采取了反周期的措施。

——冯仑《野蛮生长》

一个企业的成功，有很多因素，有外因也有内因。所谓外因就是环境，如果在一个相对好的环境当中，那么成功就会容易很多，可是如果环境不好，比如前几年的金融危机，那么企业就会面临很多危险。内因就是一个企业的竞争力，比如专业性，比如团队凝聚力等。很多时候，外因是不可控的，不会随着我们的意志而转移，但内因则往往是可以控制的，一个企业的竞争力有多强，很多时候跟它的领导者是有关系的。

冯仑一直认为，作为一个管理者，一定要有开阔的眼界，不仅要经营企业，更要对企业有一个清晰的定位，有一个明了的规划，还要对市场有清醒的认识。总之一句话，作为一个管理者，要给公司一个活下去的理由。

所谓的给公司一个活下去的理由，就是要看清形势，知道哪些做法是对公司有益的，哪些是不利的。就像冯仑所说，商业是有周期的，几年市场特别好，然后有一个低谷，之后再次上升。这样就要对公司有一个清醒的认识。不仅要扩张规模，同时还要懂得掌控风险，如果市场好的时候什么也不顾，只管大肆扩张，那么一旦市场走入低谷就会出问题。

九十年代初期，万通的主要业务范围是海南。当时海南的房地产刚刚起步，存在很大的泡沫，只要能买到地，成功建设完项目就能赚钱。在这种情况下，很多公司都大肆扩张，见地就买。结果没过多久，房产泡沫破裂，那些盲目发展的公司就马上陷入了困境，难以为继了。

而这时候，万通却没有受到影响，不仅活着而且还在继续发展。他们所以能够做到这点，就是因为在别人都疯狂的时候，他们很冷静。他们也在不停买地，但是在决定买某一块地之前会有一个分析和评估，要看看这块地位置是否足够好，是否有很好的发展前景，而不是像有些公司那样，只要是地，就会买下来。万通的这种做法，自然减少了很多的风险，在市场转入低谷的时候，自然就能存活下来了。冯仑他们几个人给自己的公司一个活下去的理由，即控制风险。

这就是一个企业家的能力了，他知道自己的公司缺少什么，更是知道哪一方面对公司是最重要的，然后去克服缺点，建设对公司最重要的那块业务。这样一来，公司自然就有活下去的理由了。这是一个企业家的眼光，更是一个企业家的气度。有了这些，自然能够让企业更好地发展。

管理者是决定企业发展方向的，自然要有更高的站位，要能比别人更早发现商机，也要能比别人更早发现公司的问题。之后将那非常重要的问题解决掉，这样，公司就有了活下去的理由了。

一个企业家，不仅是公司的领头羊，更是公司的设计师，他不仅要有管理者的权利，也要承担更大的责任和义务。当然，他还负责企业的成长和发展，需要给公司一个活下去的理由。

一个企业家做每一件事的时候，都必须是有明确的目的的。只有有这样的习惯，才能带领企业很好地向前。如果企业家做事的时候没有很强的目的性，那么在领导团队前进的时候，很可能会因为没有规划而让团队走入困境。很多时候，企业家的这种强目的性习惯，是决定企业未来走向的重要因素。

企业家的强目的性，表现在引领企业成长方面，就是专注一点，给企业一个活下去的理由。比如，冯仑给万通活下去的理由就是控制风险，在这方面，他一直控制得很好。所以当房地产泡沫期的时候，其他企业都因为过于求大而遭遇了重创，但万通却能很好地发展。

跟冯仑的尽最大可能规避风险不一样，王石给万科的理由是专业。万科一直是做普通住宅小区的，这一个方向从来都没有改变过。

有一次，三九的老板赵新先想跟王石合作。他说他手里有一块地，位置很好，想要跟万科合作开发别墅。地皮钱由他出，不要万科花一分钱，等到别墅区建成了，卖掉之后，利润两家公司平分。这是一个很有诱惑的提议，一个房产开发项目，最大的成本往往就是地皮钱，可是这个由合作伙伴承担了，那么开发公司的利润就会相当可观了。

但是王石想都没想，就将这个提议回绝了，他的理由很简单，万科没做过别墅，以后也不想做别墅，在这方面不专业，因此推掉了。在王石眼里，万科只做过中产阶级的郊区别墅，这种繁华地带的高级别墅自己没碰过，不够专业，因此就不做。面对巨大的利润，仅仅是因为公司没有实际经验，就白白推掉了，宁可介绍给别人做，也不赚这笔钱，这就是王石对万科的专业性的坚持，也是他给万科的活下去的理由。

每一个企业家都应该做到一点，那就是给公司一个活下去的理由，在某一个很重要的方向努力坚持原则。将这个方向做到了极致，就成了公司独有的竞争力了。冯仑的规避风险，不盲目扩张，王石的专业性，都是这样。

用未来思维做现在的事

什么是活在未来的人?

活在未来的人就是创造不同的人,就是给我们希望的人,让我们有丰富的创造性和真正美好生活的人。

要自由去创造,要是没有自由的状态,没有自由的思考,没有创造全新的事物、产品、商业模式,那就不叫活在未来。

——冯仑在"活在未来的人:2017冯仑和他的朋友们"活动上的演讲

冯仑说:"有一个边界最需要我们打破,也是最难打破的,就是自己的思考模式和观念。我们同学聚会很多,我发现,小时候我们有很多不一样的梦想,到这个年纪,大家几乎都一样了,因为大部分人从来没打破边界,活成了一类人。我算是另类。"

"怎么就做了生意呢?是一件偶然的事,我想靠生意养活自己。以前我们是组织来养,突然组织说对不起,暂时不能养你了,然后我说'好,我来养自己',这就把思维边界打破了。这个边界打破后,我发现到处都有可能挣钱。于是,豁出去了。豁出去就是打破你心里的边界。"

冯仑是一个聪明人,也是一个前卫者,他不仅观察当今的市场,也会依靠强大的思考能力去预测未来的发展，并且能做到站在未来投资今天。所谓的站在未来投资今天，就是用未来可能出现的东西，来为今天的市场服务。说白了，就是一种前瞻性的思维方式，在别人还一步步发展，一点点做出改变的时候，冯仑已经预测出了未来，并开始构建未来了。总之一句话，别人都是慢慢地适应着时代，而冯仑致力于改变和创造时代。

冯仑从事的是房产行业，在这个行业中，大多数企业都在研究人们当下的需求，然后根据这种需求制定具体的项目，从而去发展企业。但冯仑的思考却不止于此，他还会想，几年后或者十几年后，人们的需求应该是什么样的。是否可以现在就用那时候人们的需求来构建产品，从而给人带来一种更强烈的冲击。

有了这种思维之后，他便不仅研究国内外房地产开发的特点，还研究趋势，研究未来。正是出于这种思维的驱使，万通投资地产的业务很早就转向了开发高档住宅小区。在当时，这是一种很前卫的做法。而事实证明，这种做法是成功的。

万通的第一个高档住宅项目是万泉新新家园，一经开售，就取得了很好的业绩，创造了当年北京房地产界的销售记录。被评为当年的十大明星楼盘之首。

1999年，万通的"新新家园"项目成为中国第一个实施注册的高档住宅品牌。不仅取得了商业销售上的成功，也推动了房地产业的发展。有很多人认为，万通的这一创新，为房地产行业开辟了"第三条路"。

冯仑之所以能够创造这一傲人的业绩，靠的就是那种前瞻性的思维，靠的就是能够用未来的眼光做现在的事情。在当时，人们普遍觉得，人们买房就是用来住的，因此实用性肯定是第一位的。而且当时的其他房产公司也确实是按照这个思路在做事。可冯仑看到了发展，他认为，随着人们生活水平的提高，人们对住宅会有更多的需求。那时候，不仅要用来住，更是寄托情感，甚至是定位身价的一个重要方面。正是因为判断出了未来的趋势。冯仑才会转型做高档小区的开发业务。这就是判定未来的一种方式，就是用未来的思维做现在的事，用未来的手段赚现在的钱。他把握住了时代的发展趋势，分析出了人们对住宅可能有的需求。

冯仑的眼光绝对是超前的，别人卖的是房子，但冯仑卖的却是价值和情感。这是社会发展、人们收入水平提高之后的趋势。这一趋势在还没有来临的时候，就被冯仑预见到了。所以，成功的是他，也只能是他。

一家企业，想要长久，靠的不仅是当前的收入，还要符合未来的市场需要。如果没有这份未来的眼光，那么不管这个企业多大，一样会被淘汰。就好像曾经的商业巨擘诺基亚，是全球最大的手机生产商，可就是因为没有能够掌握未来，不懂得用未来的思维去做产品，而逐渐走向下坡。

一个管理者，不仅要有管理能力，还要有强大的分析和预见能力。只有能够把握住未来的趋势，才能够取得今天的胜利，也才能让企业持久发展。

一个企业真正的价值，不仅在于满足了人们当下的需求，还在于开发出了人们未来的需求。在这一点上，做得最优秀的，无疑就是乔布斯了。

2007 年 1 月 10 日，苹果公司发布了首款 iPhone 手机，一时间，舆论哗然，大家都对这个产品充满了好奇和惊喜。而乔布斯自然也受到了人们的热捧，他再次为一个行业重新设定游戏规则，在谈论到自己的产品时，乔布斯说："你叫它未来的电话？我们叫它电话的未来。"

这就是乔布斯的能力了，他把握住了方向，发现了未来，用未来的眼光制作了一款现在的产品。

其实，在创新的路上，乔布斯从来都没有停止过。当人们还沉浸在在手机给人带来沟通上的便利时，当全球各大手机厂商还满足于自己的现有销量的时候，乔布斯已经开始着手研究智能手机了。这就是眼光，一种立足于未来，服务于现在的眼光。

正是凭借着这份先知先觉，才让乔布斯、让苹果有那么大的魔力，人们喜欢他，崇拜他，热爱他。

乔布斯一路走来，创造了 iTunes、iPhone 等一系列产品，这些产品都可以说是划时代的，他们有一个共同点：完全颠覆原有格局；开创一个全新领域。

冯仑做了别人没有做的事情，成功了，乔布斯也一样。他们成功并不是靠运气好，而是因为头脑敏锐，发现了别人没有发现的未来。因此，成就未来靠的是头脑和胆气的结合。如果仅有头脑，是不行的，虽然看出了趋势，但不去做，等于没有看出来。仅有胆量也是不行的，纯粹靠运气的企业必将走向深渊。

做一个能够活在未来的人，把你内心的边界打破，把对时间、对历史、对经济活动、对科学的理解的边界打破，这样我们就获得了一种自由。

一个成功的企业家，必然是有发现未来的眼光和创造未来的魄力的。这两者的结合，就可以做到用未来投资今天了。这是企业存在和发展的基础。

一个企业，创造价值的是其中的每一个个体，但对企业影响最大的，肯定是最高级的管理者。他并不会参与到企业的每个环节当中去，但却对企业的走向起着关键性的作用。因此，企业家的格局、眼光和魄力，就成了企业能否良好发展的决定性因素了。一个有未来眼光的企业家，一定能够带领自己的企业，实现用未来投资现在。

创业公司凭什么活20年以上

从30年前开始创业活到现在的企业，其实不会去讨论"寒冬"，不会操心有没有到"十字路口"，也不会去"困惑"未来，因为他们内心对未来的看法始终坚定。

那么，哪些企业会先死？冯仑认为，第一批死掉的企业，从"术"的层面看，比如卖假货，或者在产品、技术上剽窃别人的企业，会死得更快。

要想存活下去，在"术"的层面要处理好四件事，冯仑说，第一是有厉害的股东，第二就是处理好政商关系，达到共同发展的目的。第三就是公司治理，只要内部矛盾控制在一定范围，还能继续走下去。第四就是管理好团队，这四件事在"术"的层面控制好，基本上活十年没问题。

要活到20年以上靠什么呢？冯仑认为要靠智慧，比如说现在股权纠纷，以及股东都砸进去了多少钱了，到了这个阶段的时候就需要靠智慧，这就上升到了对人本性的考验。"我见到的这些人大部分50岁以上都折腾25～35年，这些大哥越来越不在江湖上出现了，手上的珠子越来越多了，衣服越来越简单了，他们都进入智慧阶段了。"

——2016年冯仑在"影响力投资峰会"的演讲

冯仑从开始创业至今，历经许多波折，终于把万通经营成了影响巨大的房地产公司。创业很潇洒，但同时风险也很大，经不住市场考验而倒闭的创业公司比比皆是。他曾说，在商业竞争中，产品不错，有点现金流，不要造假，基本上能活下来。要想活十年以上，那么价值观就不能太差，看到别人所看不见的几件事，而且自己能持续学习，及时调整行为，到20年以上的时候，企业的年龄已经相当于老奶奶，已经不能靠经验去教孙女了，这时候就要给孙女讲智慧。

现在有很多人和朋友一起合伙创业，在创业之初，大家有力都往一个地方使，但是在公司渐渐正常运行之后，就需要处理好各股东与董事会的关系了。比如马云在阿里巴巴发展壮大以后，就清楚地说明了和他一块儿创业的"十八罗汉"在公司的职位，避免个人边界模糊的情况出现。在这之后，马云在2015年当选为第一届浙江商会会长。如此一来，不仅促进了当地的经济发展，而且也提高了阿里巴巴各项目的执行进度。这些都和阿里巴巴能快速发展分不开。

中国经济学界泰斗人物厉以宁曾说："在当前的形势下我们一定要有大智慧。小富靠勤奋，中富靠机遇，大富靠智慧。"现在我们需要考虑的是，凝聚力来自哪里？企业文化主要搞什么？企业文化的重点是培育职工的认同感，这是企业文化的要点。大家有凝聚力了，认同了，这样就好办了。同甘、共苦，两个概念是不一样的。同甘靠制度。在企业发展、赢利的时候要凭制度，一切凭制度办。共苦靠认同，当然，制度也不是完全没有用，但力量是有限的，共苦主要靠认同，大家抱成一团，企业再困难，大家一起努力，就闯过去了。这就是一种精神力量，这就需要有大智慧。

这里就谈到了企业文化的问题，好的企业文化的确能给人一种精神力量，让人在黑夜里看到光，愿意和企业一起渡过难关。

华夏幸福董事长王文学也有他的经营智慧，他凭着自己敏锐的市场眼光，带领着华夏幸福，一步一个脚印，取得今天的成绩。目前，华夏幸福更加专心注重于产业新城的建设和发展。其实，王文学锐利而智慧的战略性眼光，以前就已经凸显。早在2014年，王文学就已经开始利用高校联合企业这样的创新型产业链来运营华夏幸福，并且远赴美国硅谷专门设立孵化器，让企业的业务线实现了战略性的升级。

所以我们这里所说的智慧没有具体所指，它是多元化的，甚至是随着时代发展不断更迭的。但基本的是说创业者既要能处理好公司领导层之间的关系，也要能处理好与员工之间的关系，还要对时代趋势有敏锐的洞察力，这样才不会被时代所抛弃。

第四章

心中有信念，
总有出头之日

有时你不仅是要坚持正确的，也
要敢于坚持自己认为是正确的，但别
人认为是错误的东西。

公司要发展必须要敢于折腾

伟大和折腾，我总提到这两个词。有些人质疑，说我一方面说"伟大是熬出来的"，另一方面又说自己在工作中喜欢"折腾"，一个是比较被动的概念，一个是比较主动的概念，感觉有些冲突。

折腾跟熬，确实前者是主动去做，后者是被动去挨，但其实这两者并不冲突，而是两个角度上的问题。

折腾，我们翻译成书面语言叫奋斗，这是追求；熬，是在奋斗过程中遇到一些曲折的时候必须采取的人生态度，用"熬"这个字，更形象、强烈地表达了内心的一种纠结，被迫无奈这样一种复杂的状态。

在奋斗中遇到挫折必须要熬。为什么要熬呢？人生有时候前进不得倒退不得，就待在那儿。比如在你遇到特别纠结困难的事的时候，像还不起钱，别人又来要账，出什么招的都有，比如说带着孕妇来，吐在你那折腾你，你必须得熬，但是你要告诉他们你肯定会还钱。我们遇到那样的情况时，就总跟合作伙伴讲，我们现在不是态度问题，而是能力问题，我们是有诚意的，但是目前的确没能力。后来还有来要账的，最后到一些不是太有灯光的地方，然后非得要我们把个人账户给他们看，看到底是能力问题还是态度问题。像这类事情过去十几年经常遇到，我们必须要挣扎，忍耐着面对并正确地处理。

因此，"熬"是直面问题，我们不是直面惨淡的人生，而是要直面问题，我特别烦那种假装可怜的样子。我总在讲，如果有一个问题，去解决它，最坏还剩半个问题没解决，如果躲就变成两个问题了。比如说我们欠钱，如果你躲，他们会说这个孙子跑了，这就成两个问题了。

——冯仑《野蛮生长》

经营企业从来都不是简单的事情，不仅需要企业家有清醒的头脑，还需要有坚韧的性格。在企业成长的过程中，会有成功也有失败，有欢乐也有悲伤。很多企业的成长史，就是一部伤痛史，而企业家则是承担责任，直接站在这伤痛面前的。这时候，企业家个人品格和毅力就很重要了。

在冯仑看来，困难不可怕，放弃才可怕。他根据自己这些年在商场摸爬滚打的过程，总结出了两个词，一个是折腾，一个是熬。

很多人看了之后会觉得这两者之间是矛盾的，所谓熬，在更多人看来，就是等待，是蛰伏。而折腾就是不停地弄出些花样来，这两者之间，好像是对立的。其实，在冯仑那里，他们不是对立的，而是统一的。冯仑所说的熬，指的是精神上的，也就是说，不管遇到多大的困难都不能放弃，要在内心给自己鼓劲，要有坚持下去的毅力。而折腾，则是行为上的，在遭遇困境的时候，不能放弃，但也不是坐着等待，而是要采取各种各样的办法走出困境。总之一句话，在经营企业的过程中，尤其是遇到困难时，内心要坚定，头脑要灵活。要有坚持的毅力，也要有改变现实的手段。这才是折腾和熬的关系，他们不是对立的，一个是精神支柱，一个是应该采取的手段。

万通从创立到现在，虽然一直坚持做房地产，但也是转变了好几次方向的。最开始的时候，他们采用的是广撒网的方式，后来证明这条路走不通，结果改变方向，以住宅开发为主。后来，他们又开始从事高档小区开发。这一次次业务转型，就是一个个折腾的过程。通过这些折腾，让他们找到了适合自己的路，也找到了走向成功的路。

作为一个管理者，一定要明白，折腾是前进的手段，熬是坚持下去的动力。两者间不是对立的，而是统一的。一个是精神支柱，一个是经营手段。将这两者做好了，企业自然能够屹立不倒。

在互联网行业，有两个绕不过去的人，他们本是朋友，后来又成了对头，他们都在互联网行业坚持了很多年，是元老级别的人物，很多后来的互联网大佬，甚至当年都做过他们的手下。他们创建过好多次公司，但也遭遇了很多次失败。不过，最后他们都成功了。这两个人，一个是360的周鸿祎，一个是小米的雷军。

周鸿祎是一个很能折腾的人，他最开始的时候，做的是搜索，即3721，当时他做得很成功，在搜索领域跟百度平分天下，甚至一度领先于百度。但后来，他失败了。如今已经很少有人还记得3721了。

在百度大幅度占领了市场份额之后，周鸿祎带领自己的团队去了雅虎。在雅虎，他的业绩也非常好，他率先在中国把电子邮箱推广到G时代，对网易造成了很大的威胁。在那之前，网易凭借邮箱技术独步中国，相对竞争对手，是有着绝对的优势的。但这一次，网易感受到了压力。周鸿祎凭借着自己的努力，迅速拿下了中国邮箱市场第二的位置，这使得除了网易和雅虎之外，其他的邮箱网站基本失去了市场份额。

不过，虽然业绩很出色，但最终他还是没能得到自己想要的成功，最后，周鸿祎不得不再次出走……

经过了无数次的折腾之后，周鸿祎于2006年推出了"360安全卫士"，以清除流氓软件为卖点，迅速打开了市场。这一次，他让广大互联网用户彻底认识了自己。

不过，产品成功之后，麻烦也来了。由于 360 是以一个电脑卫士的身份出现的，旨在清除流氓软件，因此得罪了很多同行。第一个向周鸿祎发难的就是他的老东家雅虎中国，双方唇枪舌剑，一时间成了网络热点。而这边战争还没有结束，那边马云又向周鸿祎发难，结果战局越来越乱。当然，像这种口水战肯定是无法分出胜负的，最终也只能是不了了之。不过，周鸿祎面对的责难才刚刚开始，好在他本身就是一个爱折腾的人，因此对他来说也并无大的妨碍。

从那之后，周鸿祎就没有停止过折腾，不断地在跟别人打口水战，先是跟金山，后来是腾讯……

总之，周鸿祎的创业史，就是一部不停的折腾史，但在不停地折腾当中，他不仅没有倒下，反而越战越勇，公司越做越强。当然，在这不停地折腾中，他也有坚持，那就是一直在做互联网。在互联网界，他是一个熬了无数年的人物，在具体的经营上，他则是一个在不断折腾的人。

我们不想评论周鸿祎跟其他人的口水战中，到底哪一方占理，哪一方理亏。我们要说的是周鸿祎这种打不倒的性格，做企业，靠的是市场，是客户，但归根结底，靠的是管理者。作为一个管理者，最重要的就是坚强，是有创新意识。而这些，靠的就是折腾。在遭遇困难的时候，为自己折腾出一条路来；在身处辉煌的时候，为自己折腾出一个未来。

这不仅要有一种强大的进取性格，更是要有一定的经验。首先，是培养自己的危机意识，有了危机意识，才能有折腾的意识。因为危机意识会让人不满足，想要前进。其次要有眼光，折腾不是胡闹，是有目的的，是为了让自己更好，如果仅仅是为了折腾而折腾，那么离失败也就不远了。

第三是要有韧劲，不怕吃苦，很多人都喜欢安逸，安逸确实可以给人好的体验，但也会让人丧失机会。只有不怕吃苦，敢于挑战，勇于折腾的人，才能拥有更多的机会。

持续专注，必有所获

　　我们每个人行为的选择都是有限的。正因为时间本身是一维的，所以你就必须在有限的时间里，去做一些收益最大化的事。但究竟怎么做才能收益最大化呢？我们往往是自以为聪明地去做一件事，好像能做甲也能做乙，能做这件事，也能做那件事。时间有限，假定说大家都只活到80岁。即便你是聪明人，你做10件事，就是从小开始，每件事也只能用不到10年的工夫去做。而一个比你笨的人，可能一生就做了一件事，他就是在这事上花出多你一倍的时间（20年），还富裕出好多年呢！所以他连玩带做，一定很轻松，而且他实际上在这件事上面的收益会大于你每件事做10年的收获。为什么阿迪力走钢丝掉不下去，而我们走一下就可能摔死？他走钢丝这个活儿，练了20年，所谓"艺高人胆大"，他不仅摔不下去，还能靠这挣钱。也就是说，如果专心在一件事上花时间，花到足够多，你既可能成为这件事情的主宰，又可能因此而获得收入。更重要的是，时间还游刃有余，你还会有很多闲暇，去消费时间。

——冯仑《野蛮生长》

　　人们对待时间的态度总是很奇怪，大家都知道，时间是一维的，只有未来没有过去，它是不会给人回头的机会的，但是，我们又总是不去好好地利用时间，而总是做些让自己后悔的事情。这世间，大多数人都如此。

之所以这样，还是因为很多人的自制力不够，总是想要尝试一些新鲜的东西，做这件事的时候，突然看到了另一件更刺激的事情，便将注意力转移过去了，当又碰到另一件更刺激的事情的时候，注意力就再次转移了。这样的做法，必然是一事无成的。很多时候，虽然社会在变化，但导致人们成功的因素，让人走向成功的路径其实并没有变。我们不需要根据世界的变化，时时走在时代的前头，很多时候，只要将以前做过的事重新拾起，将之做完，就能取得成功了。这是冯仑给人的启示，也是他自身的经历。

在万通的发展史上，曾经有一段时间过得非常困难。在困难时段之前，万通曾做过很多的旧项目，像怀柔的新世界商城，以及新城国际和理想世界。这些都是万通曾经的项目，但都有一些问题，让人感觉很是挠头。

那段时间，万通面临着发展的问题，需要盈利、需要赚钱。这时候，大家的想法都是要开发更多的新项目，然后通过新项目赚钱，让公司走出困境。之所以有如此想法，不过是人的惯性思维罢了。我们总是觉得已经出现的麻烦是非常让人头疼的，而对我们想要去做却没有开始做的事情却充满了期待。都觉得那必然是顺利的，是无障碍的。正因为此，才会有人遇到麻烦就逃避或者放弃，转而去做其他的事情的现象。因为我们下意识地认为，未来必然是美好的，必然是顺利的。不过，现实一次次地告诉人们，这不过是我们的下意识希望罢了，我们所期待的美好未来，一样会有麻烦。这是很多人思维的局限。

不过幸好，当时的万通没有掉进这个局限之中。虽然大家都觉得开发新项目更有诱惑力，也能给人更多的激情，但最终冯仑他们还是做出了一个重要的，也是极其正确的决定，那就是先把这些旧的项目做好。

决定之后，自然就是实施了。很快，万通的人就将精力投入到了几个旧的项目当中，没想到，最后让万通走出困境的，正是这些当时人们都头疼，都不愿意去接着做的旧项目。

万通走出困境之后，冯仑自然也就轻松了许多。他也从这件事中总结出了很多的道理。那就是"就一件事情持续地用功，按一个方向投资，在时间上不吝啬，把时间往同一个方向去追加，就能把事情和时间按量搭配好，收入才能不断提高，边际收益会越来越大。"如果说得浅显、通俗一点，就是只要持续地努力就必然能够出成绩，也就是，只要功夫深，铁杵磨成针。

一位外国学者曾经提出过一个一万小时理论，即一个人只要专注于一个领域不变，然后持续进行一万小时，那么他就会成为这个领域的专家，就能在这个领域做出骄人的成就来。这个理论，也是讲的坚持的重要性。一个企业想要成功，需要有极强的调节和适应能力，在市场变化的时候要懂得及时转向。可是，如果企业将转向当成了常态，总是在变化，那么也是不行的，还是要有一些坚持的精神。在一件事上持续地付出，必然会有所斩获。

企业领导要尽可能多地付出

主持人：在你作为大哥时，刚才你也说到了万通遗留的问题都是你来扛，是不是相比其他人来说你要背负更多的苦闷和责任？

冯仑：这个没有，很简单，你是头，因为我在这六个人里年龄最大。当时我也有一个选择，我也可以离开，我们是公平的，比如功权最后和我们说，那就看谁在这儿更好，这件事我在这儿处理了可能更有利。一个原因是我是陕西人，陕西人鼻（音），弯弯愣，另外陕西人死扛的能力特别强。还有一个，你当董事长也好，你在这儿当个头，就三件事。第一，给大家指个道，这叫指道，看个方向。第二，扛事，承担责任。你要扛事，你不扛事怎么办？第三，牺牲。摆不平的事牺牲自己，都能摆平。这三件事做好了到哪儿都能当大哥，比如你钱少拿一点，后拿一点，别人在争执的时候实在不行你自己拿出点让他们别争了，就完了。其实就这么简单。所以有一天我记得跟功权一块儿去看一个房子，功权就开玩笑说："没想到你这么能扛，真不容易，扛到这儿，你不挣到这个数（他用手比划了一个数）天理不容。"他又开玩笑说："但是你要挣到另外一个数，我心里还不舒服。"大家都是朋友，只有他能理解我很能扛。所以，指道、扛事、牺牲，这六个字就是天下所有做领导、做大哥、做头儿的必须做的事情。这六个字大概是你一生要做的功课。

——冯仑接受新浪财经的采访

在很多人眼里，创业意味着将要走向成功，有理想意味着人生的升华。但在冯仑眼里却并非如此，在他看来，创业更多的是折腾，理想就意味着牺牲。

在一次演讲中，冯仑提到，如果要选择创业，首先要有心理准备，这个准备就是牺牲的准备。

一个打工者，虽然收入可能稍微少一些，但有很多的自由和时间，可以陪着家人，可以跟朋友去喝酒、郊游。但是，一旦走上了创业之路，这一切就都没有了，尤其是创业初期，更是不可能有半点的闲暇。

冯仑说："你得牺牲房子，钱都用到创业上了；你得牺牲稳定的生活，创业有风险，没有百分百的成功；你得牺牲跟家人相处的时间，在中国，创业初期能够像欧美的那些商人一样，那么准点地照顾家庭、照顾身边的孩子、老人，基本上很难。"

他还提到，除了这些之外，还要牺牲面子，很多以前不屑于做的事情，现在要去做，很多以前不愿意接触的人，现在要去接触。比如说，你不是一个创业者，那么当看到一个讨厌的人，就可以走开，不去理他。可是如果你是一个创业者，面对一个讨厌的客户，也要跟他来往、周旋，甚至要陪他喝酒聊天。如果你不这么做，就拿不到业务，就没有钱给你的员工开工资，更是没有钱继续公司的运营。这些都是牺牲。

冯仑还提到了自己的一个经历。他说，有一次跟自己的母亲说，你的儿子现在除了您，谁都不敢得罪。老太太听了儿子的话之后，眼泪一下就流下来了。她觉得儿子在外面受了很大的委屈。事实也正是这样的，每个创业者背后都有无数的艰辛故事。如果耐受不了这份艰辛，那么也就难以看到成功了。

更重要的是，有时候还需要自己主动去牺牲，主动折腾自己。冯仑刚开始创业的时候，在地铺上整整睡了 11 年。这么做并不是因为条件太差，而是他要保持一颗清醒的头脑，要锻炼自己的毅力。因为这些都是创业路上必须要具备的，没有这些，自己的事业就无法完成。

这就是一个创业者的故事，要忍受不喜欢的人和事，而且，有时候还要强迫自己为自己创造简陋的条件。

当然，这些也并不是白白付出的。冯仑说，有一次他领着自己的一个债权人去他住的地方，对方看了之后，很受触动，跟他说我相信你一定会成功，因为你是一个有毅力的人，也是一个好人，从你做的这些，我知道你没有拿着投资人的钱去挥霍，而是去努力了。这份鼓励，就是对牺牲的回报。当然，事业的成功是对牺牲更好的回报。

在一个企业或团队中，管理者有更大的施为空间，但同时也要担更大的责任，做出更大的牺牲。因此，一个管理者，特别是一个有理想的管理者，如果没有一定的牺牲精神，那么是很难成事的。

联想的领头人柳传志就曾经遇到过这样的情况。有一段时间，柳传志跟自己公司的合作者之间闹得很不愉快，大家各有各的想法，谁也说服不了谁，常常是针锋相对，让决策遇到很多问题。这时候，柳传志的做法就是，牺牲。他把最好的待遇、房子、车都给了合作者，而自己什么也不要。他说，我只要管理人的权利，要一个决策权，其他的都可以舍弃。

这就是一种牺牲的方法，如果你要成就自己的理想，那么就必须要付出常人所不愿付出的东西。只有这样，才能有一个表率的作用，才能有更大的空间。也只有这样，才能让跟着你的人感觉到你这个人可靠。

无独有偶，另一个著名的企业家王石，也有过类似的做法。

在一般人的眼中，王石是万科的老总，自然是很有钱的人，可是事实并非如此。在万科建立之初，王石没有选择做老板，而选择做了一个职业经理人，这就是一种牺牲。之所以要做如此的牺牲，为的是万科的稳健发展。在王石看来如果自己做了万科的老板，那么所有的资产都是自己的，这样就难免会因为太过在意利益而盲目求大，可当了经理人就不同了，不会刻意去追求利益，这样更有利于公司的发展。最终王石也成功了，万科果然成了地产业的龙头企业。

这就是牺牲精神的最好体现了。柳传志有理想，想要按照自己的意愿将联想打造成国际企业，所以他要牺牲。王石也一样，想让万科成为一家可持续发展的大公司，因此他也要牺牲。

这牺牲不是故意做出的高姿态，而是为了成就理想而不得不做的妥协和退让，是一种风格，更是一种智慧。

一个人，想要做成一件了不起的事，是不容易的，更是无法靠自己完成的。在这个过程中，需要别人的帮助，既然要人帮助，就必须要牺牲自己的一些利益。只有这样团队才能更加稳固。因此，如果一个管理者觉得自己的团队有问题了，那么就应该静下来想一想，自己是不是从团队中获取的东西太多，让别人不舒服了。这是一个领导者必须要有的气度，也是一个领导者必须要有的智慧。牺牲不是无度的忍让，而是一种让事情更加圆满的妥协智慧。

坚持到底，才能走向成功

怎么样做别人不做的事。有理想的人首先有毅力。很多人来给我们年轻人做一些鼓励都说毅力，这个事说得挺悬乎，其实就是死扛，谁能扛得住？宗教信徒特别能扛得住。我去年在西藏骑自行车时，路上发现一个中年妇女在磕头。你想这得有多大毅力，这心里头的毅力来源于她的精神追求，所以她不停地磕。我看她非常的热，但是她磕一会儿后休息一会儿再磕。所谓毅力就是扛、熬、顶住。人有坚韧不拔之志，才有坚韧不拔之力。只要你自己心里头充满这样的信念，毅力自然就来了，就不会觉得辛苦，你会觉得很快乐，我们叫作乐观主义。把丧事当喜事办，每天都会开心。

史玉柱成功以后，有一天我们出去玩。走到一个地方，他看到半山腰有一个小寺庙，他碰到了一个喇嘛，这个喇嘛告诉他一件事，没有什么，每天做一点就可以成功。做什么，半山上有一个窝棚一样的地方，这个喇嘛每天下来捡一块石头再上去，坚持30多年，心里头有这个庙，就能够建起来。喇嘛心里头就有一个庙，每天下来捡一块石头，30多年搭起一个窝棚一样的庙。实际上我们都一样，只要心里头有这个东西，你的毅力自然就有了。

要有理想，这个理想你们每个人可以自定义，不需要我给你们定义。环保、科技是理想，总之心里面有这个东西，才能看到方向、算好账、有毅力。

——冯仑在"企业家论坛走进清华大讲堂"活动中的演讲

不管是一个人还是一个集体，坚持精神都是需要的。如果对那些知名的成功企业家的人生做一个梳理，那么肯定会发现，他们身上都有坚持的品质。

万通公司曾经制定过一项服务，即从传统的房地产开发转向以客户为导向的新型服务方式。这项服务是冯仑个人提出的，也是他负责定制的。不过，在推出来之后，连续三年，这项服务却一分钱也没赚到。而且，也没有客户想要用这种服务。一时间，这项服务俨然成了公司里的累赘。而公司的大部分人都出于传统思维，觉得这项服务是失败的。

不管什么公司，上项目都是为了营利的，求的是资本回报。可是冯仑推出的这个项目却没有做到这一点，公司投入了很多时间、金钱和人力，但是却并没有相应的回报，甚至都没有回报。因此公司上下一致反对继续进行这项服务，只有冯仑一个人在坚持着。

冯仑是一个很固执的人，他认为这个服务是有前途的，也认为自己的这个选择是正确的。因此根本不听别人的劝，哪怕赔钱也要做，因为他坚信必然会有赢利的一天。

第一年，这项服务赔了一千万，这并不是个小数目，第二年接着赔，第三年也是。在这中间，不断有人反对，可冯仑就是不改变自己的想法，他坚信，一定能够赢利。果然，第四年，开始有利润了，这一年，这项服务的支出和收入打平了。到第五年的时候，受益增长到500%，之后一路赢利，成了公司的重大项目。这一下，万通所有人都服了，因为事实已经证明了，这项服务虽然开始的时候赔钱，但现在已经成了公司最好的业务。

冯仑就是靠着这股劲头让公司的人佩服的，也是靠着这种坚持和洞察力带领万通快速发展的。

这世上没有百分百赚钱的事情，即使能够赚钱，往往也不是第一时间就能赚到。总是要等待的，当一切时机都成熟了，当各种客观条件都具备了，自然就赢利了。如果没有一点坚持的精神，看到开头不好，马上就放弃或者转向了，那么永远也得不到发展。这是客观的规律，一个好的管理者，要做的是培养一点坚持精神，顺从这客观规律，而不是想着螳臂当车，想要去改变这规律，更不要惧怕这种规律。

坚持不仅是一种品质，更是一种智慧。企业跟人生一样，是一场长跑，比的不是速度，而是耐力。在这整个过程中，起跑速度再快也没有用，如果没有足够的耐力，早晚有被超越的一天。

做企业，拼的就是这份耐力，坚持到最后的必然是赢家。很多时候，跟竞争对手相比不需要比他规模大，比他发展速度快。只需要比他活得久，就能赢得整个市场了。而想要让企业活得久，坚持是唯一的途径。

成功有时候很简单，比别人多付出一些，比别人多坚持几年就好了。在这方面，小米的创始人雷军是有很多感触的。

雷军是互联网行业元老级别的人了。最开始的时候雷军做的是金山软件。在那里的时候，雷军自己开发了金山词霸。这个产品很有名气，但要说非常成功怕也不太准确，不过雷军在那里还是坚持了很多年。直到最后，金山软件上市了，雷军选择了退出。在提到这一段的经历时，他自己说，那是一段苦旅，不过他熬过来了。然而，虽然熬了过来，但也给他造成了很大的负担，感觉整个人都累了。于是上市成功之后，他就辞去了所有的职务。想法只有一个，休息一段时间。

　　雷军做的第二件事，就是创办了卓越网。不过这个时机选的不对。卓越网面世的时候，正是互联网泡沫破灭的时期，因此，虽然有些成绩，但最后还是失败了。最终在 2004 年的时候，雷军将卓越网卖给了亚马逊。也就是现在的卓越亚马逊。

　　不过，虽然有两次都不太如意的创业经历，但雷军并没有彻底放弃创业。在休整了几年之后，他又开始了新动作。雷军创建了小米手机，这次他是成功的。

　　雷军之所以有今天的成就，自然跟他的坚持是分不开的。一个人，失败并不可怕，怕的是对自己失去信心，不敢再继续往前走。只要有前进的动力，那么不管多么大的苦难都是可以克服的。这个克服困难的过程，就是坚持的过程，也是一个成长的过程。有了这份坚持和成长，那么还有什么事情是做不到的呢？

　　在创业的路上，很多人失败了，其实他们不是败给了市场而是败给了自己。在面对困难的时候，他们没有足够的信心，因此不能给自己提供坚持的动力，从而放弃。不管多么苦，只要没有放弃就还有机会，一旦放弃了，那么即使市场回暖，一样不再有成功的机会了。

　　给自己一点希望，帮自己打打气，多坚持一下，自然会有不一样的情景。马云曾经说过一句话："今天很残酷，明天更残酷，后天很美好，但大多数人都死在了明天晚上。"这就是坚持的意义了，如果懂得坚持，那么一定能迎来曙光。可惜的是，很多人都死在了曙光将要出现之前的那段绝对黑暗当中。这是得不偿失的。

公平公正的制度，是
员工努力工作的基础

第五章

规范的制度是企业的保障，是企业向前发展的动力源。

制度规范化，是企业健康发展的保障

很重要的一点是，怎样在制度层面，让万通获取持久稳定的增长。

有 3 件事情要做好，第一是要有一个良好的价值观；第二是要完善治理结构，这包括透明度、制约机制、决策程序、投资纪律、团队选拔等；第三是要以身作则，率先遵守这些制度。

一个创业者如果能把这 3 件事情做好，即便离开，公司也会发展得很好。所以除了公司战略、经营策略之外，还要有一个好的治理结构来保障公司的稳定与竞争力。

企业的变与不变，实际上就靠制度来应对。变是恒久的，因为市场总在变，环境总在变，不变的是制度设计与安排和价值观的养成，这是不能变的。

——冯仑接受中国地产商报的采访

冯仑是一个注重制度的人，也是一个会构建制度的人。万通是用江湖式的方式成立的，属于兄弟们共同创业。一般这样成立的公司，往往都会在制度上有很大的问题。这些问题在创业初期进行资本积累的时候还体现得不明显，但一旦小有成就就会显露出来。

之所以有如此情况，是因为没有一个透明的、规范的制度去制约。朋友间是有共同的爱好和目标以及愿景的，不过也会有分歧。在最初的时候，大家都为了企业的生存在努力，这时候所有人的目光都在怎么赚钱上面，自然没有太多的分歧，只要能搞到钱，能弄到项目就可以了。

可是，一旦企业赢利了，那么彼此就容易出现分歧了。因为赢利后的企业目标不仅是钱，还有发展，而在每个人心中，公司应该发展成什么样子，又往往是不同的。这时候就容易出现各执一词，谁也说服不了谁的情况。

如果是一个制度健全的公司，那么可以用制度来解决这件事情。比如投票等方式，大家都说出自己的想法，哪一个获得的支持更多，就按照哪一个说的办。可是要是没有制度约束，就不好办了。谁都觉得自己是有理的那个，是应该被支持的那个，而又没有一个凌驾于众人之上的制度，就很难得到统一了。

冯仑正是看到这点，所以才会选择退出那个项目，也正是因为看到了这点，所以万通在成立之初，就成立了类似董事会的组织。

万通成立的时候，是改革开放初期，那时候很多制度还不健全。《公司法》还没有正式颁布。这样的情况下，很多企业都是不规范的，江湖式地经营着。但冯仑他们却走在了前面，虽然也没有成熟的董事会，但却有董事会的雏形。每一项决策的进行，都要大家一起以董事会的形式进行讨论，最终决策。在这个过程中，有一个制度在，因此即使有不同的意见，也不会产生真正的冲突。这就是规范化的力量。

在冯仑几个人走上创业路的时候，海南一共有 18000 多家房地产公司，那时候，冯仑他们的万通是很不起眼的。冯仑甚至觉得，当时他们应该是排在最后十名的。因为他们创业的人数虽然多，但资本十分有限，都是借来的。

可是，很多年过去了，那 18000 多个公司，绝大多数都已经不存在了。可是当年吊车尾的万通，如今却成了国内知名的大公司。而万通的几个创始人，也都成了著名的企业家。万通所以有这种成绩，就在于他们有未来的眼光，懂得用规范化的制度来约束自己。

从现在的角度看，冯仑他们当时的做法并没有太多值得敬佩的地方。不过在一个市场刚刚开放的时候，他们这么做称得上是绝对的超前了。

一个稳定的企业，一定是内部成员彼此合作默契的企业。这份默契靠所谓的人情是不行的，必须要考虑规范化的制度。一个成功的企业家，也一定是一个规范化制度设计的高手。如果不能用好的制度约束自己的公司，那么总有被时代落下的一天。

企业家是企业的灵魂，是企业的头脑。而规范的制度则是企业的保障，是企业向前发展的动力源。因此，一个企业家就必然要有规范化的意识，这是基本能力。

企业能够快速成长，成长之后是否能够保持稳定而又持续的发展，依靠的肯定是健全而又规范的制度。在这方面，苏宁有很多值得其他企业借鉴的地方。

在苏宁的掌门人张近东看来，一个企业想要发展，制度是最重要的。不过如何建立一个合适的有效的制度，却并不那么简单。他觉得，首先要面对的就是两个难题。第一是怎么看待制度，将制度置放在一个什么样的地位；第二是怎样才能制定出有效的制度，制定制度之后又如何去执行，怎样让它发挥出应有的效力来。

面对这两个问题，张近东交出的答卷很是精彩。关于第一个难题，张近东给出的答案是：制度重于权力，我们苏宁不是人选人，而是制度选人。

这是很高明的经营手段，很多企业管理者们都摆不正自己的位置，觉得自己是企业中的老大，自然要享有最高的权力，但其实这并不是好做法，最好的方式就是大家都听从制度。管理者一定要明白，自己遵从制度并不是说自己的权力受到了制约，而是自己在利用制度为企业谋利润，所有的一切都是为了企业的发展。如果有了这层认识，那么自然也就明白尊重制度的必要性了。这种做法不仅有助于提升团队的凝聚力，利于构建团队精神，更能够避免权力滥用，防止很多灰色行为。这样对企业的发展，是绝对利大于弊的。

确立了制度的重要性之后，就是开始制定和执行具体的制度了。在这方面，苏宁也做得很好。他们规定，在制度的制定过程中，一定要充分考虑到政策性和时效性。要多制定一些具体的标准，少一些空泛的概念，要多一些量化的规定，少一些精神层面的定性。这是一种务实的态度，这样制定的制度看似是冰冷的，每一条都有具体的数量标准，但其实这才是真正的人性化，是需要员工拿出态度和精神的，这是对能力和付出的尊重。

制度确立之后，就是执行了，苏宁规定，领导层人员要做出表率，要率先执行制度。更重要的是，要做到制度面前，人人平等，不能因为是较高一层的领导，就存在放水行为，这是对制度的最大伤害。

而且，苏宁并不是采取一次性成型的方式在制定制度，它还规定，制度应该是不停地完善的。什么时候发现问题，就马上整改。在执行中觉得哪条制度有问题，就马上提出来在第一时间进行解决，这样就保证了制度的生命力，保证了制度永远都是跟公司的发展同步的。

通过这一系列的整改，苏宁完善了自己的制度，也增强了自己的生命力，更是给员工无限的干劲。这些，都是保障苏宁高速发展的原动力。而这些，自然源于张近东的思考和管理经验。

一个决策者，成功的标志不是手里有多大的权力，而是有多少人愿意为他做事，更愿意为他好好做事。而想要实现这一目标，靠个人魅力是不行的，魅力总有用完的一天，靠培养员工的绝对忠诚度也是不靠谱的，有忠诚就必然有反抗和背叛。只有靠规范的、人性化的制度，去激励员工，让他们对公司产生一种归属感，自身有一种安全感，这才是一个公司长远发展的基础。

制度透明，提升团队凝聚力

如果一个公司一出现问题就能得到良好的解决，就没有是非，你在做生意过程中就有了自由。所以我们今天要说的是怎么创造价值，怎么提高资本回报率，提高我们治理结构完备性、透明性和可操作性，同时促进我们披露信息及时、准确、连续，让我们的投资者有一个踏实的想法。我们要告诉大家我们公司在创办初期（1993 年）就开始有年报了，我们的年报从来都是公开的，并不是上市以后才公报，让大家相信我们，最重要的是解除大家的道德疑虑，我们要获得一个在社会上长久存在的合法根据。开个玩笑，在什么样的情况下获得人身最大的幸福？黄光裕出问题就是因为不知道这些，你的财富跟社会体制道德要保持一个兼容性，才可以持续安全地运行。最后我们价值创造的目的是创造价值还有实现价值，实现价值要根据经济周期不同，采取不同的策略和方法。

在公司治理方面实际上想要告诉大家的是我们的治理结构，比如说董事会怎么开，我们开董事会经常换地方。我是做房地产的，北京会出现很多新的空间，比如说安排一个酒店，比如说新出一个俱乐部。在开会当中要录音，要摄像，这样可以把大家的发言记录下来。再一个是规范各方面行为，跟投资者沟通。另外跟媒介要建立一个合理的关系，我们既要随时随地按照规范披露，同时也要抵制和遏制不负责任的媒体对企业造成伤害。比如前一段时间大家看到的一些报道，有一些媒体从业人员，既没有资质，也没有记者证，他们选最好的公司获取他们额外的利润，如果你们不答应他，他就要做出一些卑鄙行为。我们一定要做的两方面工作是，既要维护自己的生命安全，也要及时依靠组织，对这些不良的媒体做出一些反应。

我们在网上有接待日，定期利用产品跟大家沟通，同时我们要求中小股东推荐董事，我们邀请中小股东提名独立董事，同时我们试行分配方案并在网上公开征集中小投资者的意见。再有，我们维护投资者跟股东之间的日常关系。我们跟股东从 2008 年 3 月到现在一共举办投资者网络互动 43 场，答问超过 1200 条，内容涉及面非常广泛，包括战略、产品、财务、私人问题，网民非常热闹，股东也很踊跃。我们先后接待近 70 个机构和 100 位基金公司经理，他们到公司来调研访谈，同时有 10 家发布了相关的调研报告。我们还借助股东会、业绩会、媒体见面会、投资者见面会等会务平台，增加投资者与股东的互动。

——冯仑在"第三届中国上市公司市值管理高峰论坛"上的发言

成功的企业要有一个好的制度，更要有一个透明的制度。在这方面，万通做得很好。不管是对内还是对外，万通都是透明的。他们有自己的历史陈列馆，上面记载着万通的每一步发展，就是要让员工和外界看到，万通是如何成长起来的。

冯仑的这种做法效果是很好的，对于员工来说，这种做法是一种信任。公司已经把自己的所有都展现在员工面前了，为的就是让员工彻底了解公司，之后能够跟公司一同成长。对外来说，这是一个态度，我将自己曾经做过的事情，有失败，有成功，都放在你的眼前了，为的就是让你更好地了解我是一家什么样的公司。这是一个真诚的合作态度。

万通不仅将自己的历史完全地展现在别人面前，公司的各种制度也是如此，甚至连冯仑自己做了哪些工作、哪些决策，也都是透明的。这样一来，在公司内就形成了一种氛围，所有的事情都是在阳光下进行的。这时候，员工们的内心就会很踏实。

当制度规定和执行标准摆在眼前的时候，每个员工对自己的行为都会有一个清晰的定位。他知道自己做的事会得到什么回报，自然会更加努力。同时，如果有人想要进行一些灰色操作的时候，有曾经的惩罚案例摆在那，也能起到一定的震慑作用。这种透明，让人与人之间的关系简单了，也让人对自己的行为有了一个很好的预期。这是节约人力成本的一个很好的办法。

而将自己的制度分享给客户，则不仅表示自己对客户是绝对信任的，还能让客户对自己有一个更好的了解，从而在合作当中更加默契。

更重要的是，一旦制度透明了，那么每个人都能看到其中的利弊，也都能指出其中的利弊，这样更有利于制度的整改和更新。这是一个公司进步的重要条件。

做管理，其实就是在做人心，当管理者将自己的一切都放在员工面前的时候，员工是会感动的，他觉得自己的领导信任自己，也愿意跟自己一道前进，这对提升团队凝聚力是有着莫大帮助的。

所谓疑人不用，用人不疑。很多管理者都知道这个道理，也都是在按照这个标准在做事。可是大都只是做到了心中不怀疑自己的下属，很少能将这个情绪清晰、准确地传达出去。这样就容易造成误解，本来对下属很信任，可是下属还会猜疑，上司是否真的信任自己。可是，一旦将制度透明化了，那么这个问题就不存在了。它是人与人之间的一个良性沟通纽带，是提升一个团队的凝聚力和竞争力的必要手段。

在制定制度方面，苏宁的掌门人张近东很有经验。苏宁是一家零售商，不过却以服务见长，这是他们的特色，也是他们能够快速成长的原因之一。不过，虽然好的服务会让客户更加满意，不过做一个好的服务人员却并不是大家的追求。因此，在苏宁的发展史上，尤其是最初期，曾遇到过人才紧缺的问题。

后来，张近东通过在苏宁内部建立人才培训体系，并改变招工对象，解决了这一问题。这是苏宁的成功之处，也是其值得称道的地方。不过张近东在人才的吸引和储备方面并没有止于此。

苏宁有着完善的人才储备和培养制度，并且在这方面做到了公开化和透明化。在苏宁，人才晋升的制度是摆在大家面前的，每个人在公司干了多久，有多大的成绩，将来会有什么样的空间，都在每个人的心里。这样，员工工作起来就非常有热情。因为他们有目标，而且那目标就摆在眼前，是清晰可见的，也是具有很强的实现可能的。

这就是张近东的高明之处了。很多企业家也会给自己的员工一个愿景。不过大都是流于口头的，更像是给员工画了一个大饼，虽然很美丽但并不能吃。这样的做法，在最开始的时候也是能激发员工的工作热情的，可是却难以持久。一旦员工发现老板只是在口头上敷衍自己，那么也就会彻底地泄气了。因此，这种做法无异于自己坑害自己。

还有的管理者，会给员工愿景，也愿意实现，可是却没能让员工有一个清晰的感知。他们在内心是愿意培养员工的，也愿意给予重用，甚至也有一个非常科学的员工成长计划，但这计划只在他们自己的心里，员工不知道，因此就会产生一个错位。员工因为不知道领导的想法，从而觉得自己升职很困难，从而会懈怠，至少没有特别强烈的激情。而领导则觉得自己有一个详细的培养计划，但手下人缺乏干劲，同时找不到人才。

可是一个透明的激励制度就不存在这个问题了。它是切实可见的，员工内心有奔头，从而有工作热情，而这份工作热情释放出来之后，自然能够创造更多的业绩。在员工创造业绩的过程中，领导者能看到他们的努力和能力，自然愿意给予提拔。而得到提拔的人，又会成为激励其他人的榜样。这样就形成了一个良性的循环。这就是透明的激励制度的重要性了。

苏宁有这样的制度，所以能够在竞争中取得良好的成绩。其实，所有的管理者都应该有这份认识，建立透明的制度，让员工安心、放心、用心，也能让自己发现更多的人才，更好地经营团队。

机会均等，刺激员工工作激情

对公平这件事可以从不同立场来看。在思想史上一直都有两派观点，一是起点的公平，一是终点的公平。所谓起点的公平就像运动会上跑步，枪一响，大家都从同一个起跑线出发，但是大家的速度总会有快有慢，否则刘翔也当不了冠军。强调起点公平暗含着终点上是有差距的、不公平的。邓小平讲让一部分人先富起来，这句话讲的时候，起点是公平的。

立场不同，心态就不一样。1989 年我开始做生意那会儿，没人给我发工资，我和很多人一样也是下岗职工，那时候大家是起点公平。折腾了 20 年，有的公司破产了，有的公司还在维持，有的收入好点儿，有的收入差点儿。现在你说不公平了，那之前这 20 年的政策难道错了？1989 年我起跑时，大伙儿都一样啊，今天说收入差距给整大了，那我也有想法。

强调起点公平、一致性或等同性，却不承认终点的必然差距，那在运动场上就没法儿玩了。所以起点公平是强调竞争。愿意强调起点公平的，多数是强者、自信的人、愿意创业的人、愿意保持市场竞争环境的人。就像在运动场上跑步，刘翔肯定愿意起点公平，因为他跑得快，起点公平实际上是激励大家奋力快跑。

不仅外部环境如此，管理公司也一样，要让每个员工都有相同的机会，

冯仑内部讲话 最新版

这样才能让企业更好。

——冯仑《理想丰满》

对于管理者来说，如何激励员工是一件大事，也是一件麻烦事。很多人都选择了直接用利益激励，可是有的效果好，有的效果却并不理想。之所以如此，是因为利益确实是激励人的好手段，但并不是唯一的，甚至可以说，如果将它当成是唯一的，还有可能适得其反。

一个人找工作，不外乎两点考虑，一是薪水，二是发展空间。两者并不是排他性的，而是互相结合的，很多时候，后者更重要些。有人会因为高薪水而去做一份自己不喜欢的工作，但却很难持久，当有一天他发现一个能让自己赚钱，又有空间和归属感的职位之后，便会毫不犹豫地离开。而有足够的发展空间的就相对好很多，这世上，有太多人会为了将来的发展而忍受暂时的沉寂。

因此，一个好的管理者，就是能够给手下创造足够的发展空间的人。而想要做到这点，给员工公平的制度是必不可少的。关于什么是公平的制度，什么是好的公平的制度，冯仑有过解释。他说，好的公平制度就是机会均等，大家都在同一个起跑线上，至于能跑出什么成绩，要看个人的努力和付出。一个有这样制度的公司，必然是员工愿意付出的公司。

不过，也许有人会觉得，这样的制度对某些人来说，可能不太适合，总是有人愿意一刀切，喜欢大家都是同一个待遇。这些人也是会有不满的，甚至可能成为团队中的不稳定因素。不过冯仑却觉得，没必要担忧这点。

冯仑认为，人与人是有差异的，有的人喜欢起点公平，有的人喜欢终点公平。所谓起点公平就是大家都有一样的机会，终点公平就是大家都有一样的待遇。在一个拥有终点公平制度的公司内，更喜欢起点公平的人是注定不得志的，他们有抱负，却看不到希望。所以时间久了，这部分人会自动离开。同样，在一个起点公平的制度下，更喜欢终点公平的人也是会很难受的，他们会因为别人拿到的比自己多而不满，时间久了一样会离开。

所以，完全不必在意文化认同问题。建立一个起点公平、机会均等的制度，不仅利于激发员工的主动性，更是会自动过滤员工，让那些不想付出却想着跟别人拿一样薪水的人自动离开。

冯仑的万通公司，用的自然是机会均等的制度。而他们公司内的员工也确实有很强的主动性，之所以这样，就是因为冯仑懂得管理，更懂得人性。

制度是公司前进的保障，如何制定制度是一个管理者的基本能力。虽然制度建设很麻烦，也很难，但还是有规律可循的，遵循机会均等就是最大的规律和原则。

在各大企业中，苏宁的人才制度是非常引人注目的。苏宁有自己的人才储备机制，每年苏宁都会走进大学校园，大规模招聘应届毕业生当作蓄水池。所谓的蓄水池就是公司的储备人才库，苏宁会对这些人进行培训，然后给他们锻炼的机会，最终发现有能力者，给予重用。

不过除了这两个特点之外，苏宁的人才机制还有一个特点，那就是机会均等。

苏宁给员工一个庞大的平台，更是给他们划定了一个相同的起跑线。在苏宁，每个人都有足够的上升空间，而想要获得这个空间，只能靠自己努力，是凭借能力说话的。这样一来，对公司内的每一个员工来说，都是公平的。而且，苏宁给的这个空间还是足够大的。

据苏宁的高管说，很多学生大学毕业后，都会想找一个好的平台，好的工作。这时候，有些人是看不上苏宁的，因为觉得在一个销售门店工作，不仅不够体面，收入也很有限。事实也确实如此，很多员工在刚进苏宁的时候，跟同学比起来确实会有些差距，至少是不能让其他同学羡慕。但是过上三年五年之后，情况就有所改变了，苏宁员工在同期毕业的同学中，绝大多数已经算是非常优秀的了。而十年之后，绝对是同期毕业生中的佼佼者。之所以如此，就在于苏宁给了所有员工一个足够大的空间。而且苏宁在人才晋升上是公平的，因此每个苏宁员工只要努力就都能获得成功。这也是为什么苏宁员工在事业上与身边的人对比时，整体都有优势的原因。在其他地方，或许也足够努力，但却未必能够获得相应的待遇，但在苏宁可以。因此苏宁的人才会整体多于别人。

这就是苏宁的竞争力了，当一家公司内，每个人都觉得自己只要努力了，那么就一定会有回报的时候，一定会尽自己最大的能力去工作。因此，可以说，苏宁的制度不仅给了员工公平的机会，更是让公司可以更好地运转。

很多人都说，二十一世纪最重要的是人才，可是又有太多人无法让人才发挥出应有的效用来。之所以如此，不过是因为没有一个公平的制度，因此人才们在工作中都懈怠了。当努力和不努力获得的酬劳一样多的时候，谁都会选择不努力。真正好的制度，就是给每个人相同的机会，然后让他们凭借自己的能力胜出。这样的制度，不仅是激发员工潜能的制度，更是为公司筛选人才的制度。有了这样的制度之后，必然能够在竞争激烈的市场中占有一席之地。

一个好的管理者，必然是一个能建立好制度的人。他知道自己想要什么样的员工，也知道怎样找到自己想要的员工。同时，他也知道员工们要什么，更是知道怎样满足员工们的愿望，激发出他们所有的潜能。而机会公平的制度，正是实现这些的基础。

处理好制度与人情的关系

　　有三个契机促成了戏剧性的变化：其一，因为之前的分歧、争论，1995年功权去美国管理分公司暂且回避一下。在那里他吸收了很多美国体制下商务、财务安排的方法以及产权划分的理论，这带来了一个契机。另一个契机跟女人有关：当时张维迎在牛津，介绍了一个女人回到中国，就是张欣。维迎把我们公司1992年写的文章《披荆斩棘，共赴未来》给张欣看了，张欣要回国，我就让维迎介绍张欣和我认识。她回来以后在保利和我见了面，就算认识了。一个多月以后，我们去香港，张欣正在做投资银行，我们一行三四个人去她家里聚会，那次潘石屹跟张欣单独聊过一会儿，等我们回来以后，他们俩就谈恋爱了。于是又来了一个海外因素，张欣带来的价值观、对问题的看法都是西方的，认为不行就分嘛。张欣那时总在说我们的不是，她站在西方的文化立场上把我们全否定了，说我们太土了。虽然大家觉得这是对我们兄弟感情的一种伤害，但她把西方商业社会成熟的合伙人之间处理纠纷的商业规则带进了万通。

　　功权和潘石屹接受了这样的思想，开始说服我。如果我坚持，可能还是分不了。但这时又出现第三个契机，那时我也去了一趟美国，见到在加州的周其仁。我们聊了一个通宵，他爱听故事，我就哇啦哇啦地说，我讲了我们的问题，他就讲了"退出机制"和"出价原则"，这给我一个非常大的启发：不能用传统文化中的兄弟感情处理万通内部的矛盾，而要用商人的规则处理分家或者叫建立退出机制。

——冯仑《野蛮生长》

万通出现大量的债务之后，进行了规模的收缩，这虽然解决了万通的危机，不过也带来了新的问题。那就是万通今后该怎样去走，万通的几个合伙人该如何继续合作。当时，有两种想法，其一是兄弟几个继续合作，稳健发展，让万通再次崛起；第二条路是大家分家。此时，每个人都已经在商场上摸爬滚打了许多年，早已经能够独当一面了。分家后大家各自单干，每人闯一片天地出来，到时候也能互相照应。

对于分家，冯仑开始是不愿意的，他是一个重感情的人，不仅希望几个风雨同舟的兄弟能够长时间在一起做事，更是害怕分家引起彼此的纠葛，以后连朋友都做不成。就在他摇摆的时候，引文中的三个因素，促使冯仑最终下定了决心，兄弟们单干。

不过，这决定虽然好做，但是具体实施的时候就难了。不管是亲人还是朋友，在一起做事的时候往往都能风雨同舟，可是一旦牵扯到利益的纠纷，就麻烦了。很多原本亲密的朋友会因此反目，也有很多互相关爱的亲兄弟因为分家大打出手。这是一个非常棘手的问题。

不过冯仑他们却很好地解决了这个问题，不但和平分家，彼此没有任何的抱怨，而且分开之后，大家还是好朋友。他们靠的就是人情与制度的结合。

确认分家之后，冯仑向众人提出了一个游戏规则，"以江湖方式进入，以商人方式退出。"这句话的意思是，大家是因江湖式的兄弟情和彼此的理想抱负走到一起的，现在要分家了，要用商人式的、规则鲜明的方式退出。退出的时候，有了明确的规则，也就不存在谁分的多，谁分的少的问题了。

不过虽然确定了具体的原则，在实施的过程中，冯仑他们也做了适当的调整。比如在利益分割的时候，他们并没有采取锱铢必较的方式，弄得十分精确。中国人是讲人情的，在这种情况下，如果弄得非常精确，难免会伤害几个同甘共苦的兄弟的感情。他们在利益分配上采取了较为粗放的方式，公司的资产平均分为六份，每人一份，这样就不存在谁多谁少的问题了。然后想走的人把自己的股份卖给不走的人，不走的则按照股份平均增加的方式持股。到最后，几个合伙人都离开了，而万通成了冯仑一个人的。

不过，虽然确定利益分成的时候较为粗放，在具体实施的过程中，却是十分正规化的。他们请了专业的律师，在分配的各个环节中，都严格按照法律程序走，一点也不掺杂人情。

开始的时候，还有人对这种做法不太适应，但很快，大家就都接受了。因为遵循严格的法律程序，避免了很多的麻烦。比如说，有些小的地方，不太容易计算的地方，如果用江湖式的兄弟情义的做法来拆分，就会很麻烦，大家都会出于情义而放弃这些，觉得计算太细了就没有情感可言了。而接受者也会是这样一个姿态，觉得不能要太多，否则对不起兄弟。这样推来让去，不仅浪费了时间，也容易留下一些隐患，比如大家都不是很在意某一块，从而导致没有对这一块进行评估和分割，将之扔到了一边，没有足够的重视，那么即使那一块有问题也无法发现，搞不好这问题就会影响公司以后的发展。而严格按照法律的程序来做，不仅降低了沟通成本，不会出现你推我让的现象，而且也相当于对公司进行了一次彻底的清查，哪里有问题自然就一目了然了。

万通的几个合伙人采用的这种方式是非常明智的，也是十分有效的。一个企业，不管是粗放式的还是精细化的，都必须注重制度和人情的平衡。如果一味强调人情，那么必然会失去效率，如果太过注重制度，那么必然会冷冰冰缺乏人情。只有两者结合之后，才能让公司这个集体既温暖又有效率，这是企业成长的关键。

靠着制度和人情的平衡，冯仑和他的合伙人成功分割了万通，却没有引起彼此间的不满，其他公司也一样，如果制度和人情平衡了，那么员工不仅能感受到情义，还愿意付出劳动。这样的公司必然是十分有竞争力的。

国外也有这样的事例，例如，美国的戈尔公司是一家外人看来较为奇怪的企业，他们公司赋予了员工极高的自由度。在戈尔公司内，员工可以自己选择工作的数量、项目完成时间以及具体的工作方式等。在一般人看来，这样的公司肯定是没有效率的，因为他们给了员工太大的空间，肯定会造成员工工作散漫的情况，但事实却并非如此。戈尔公司的员工不仅不散漫，反而有很高的工作热情，也有极高的工作效率。因为他们虽然不硬性规定员工的具体工作方式，但是却是有考核制度在的，而且，员工的工资直接跟绩效挂钩。这是一种人情和制度很好的结合，正是这种结合才让戈尔公司有了现在的成绩。

很多管理者都有一个错误的认识，并没有把自己的员工当成朋友，而当成了敌人，他们总是在想如果自己不规定得严格些，那么员工就会偷懒。由这一思维出发，就会制定出许多严格的、不近人情的制度来。这些制度束缚了员工，也自然让员工产生对抗的情绪，结果就是管理者防着员工偷懒，而员工则盯着管理者，趁他不备拼命偷懒。

但戈尔公司却不这么想。他们在工作方式上，给了员工极大的自由度，而在工作的结果上，制定了一定的制度。这样，员工可以选择自己最喜欢的方式工作，又会因为想要拿到更多的工资，从而去努力。工作中的自由给了他们更大的舒适感，因此，效率高也就不难理解了。

制定制度就是这样，要有侧重，在可能伤害人的感情的地方，要适当宽松，在涉及具体的利益计算的地方，要严格。因为如果前者严格，会伤害人的感情，造成对抗情绪，从而影响效率。如果后者宽松，会给人感觉公司不够正规，而且员工也会想，公司这种粗放的计算方式是否会因为计算不精确而让自己受到损失少拿了薪水，也会影响效率。戈尔公司的这一做法，正好将两方面都兼顾了，因此才会有好的效果。

而且，戈尔公司的业绩也确实是非常好的。他们的业务遍布全球，是该行业的龙头企业。

作为一个管理者，一定要认清一个事实，制度和人情并不是对立的，不是说讲究人情了就不讲究制度了，也不是说为了构建制度性的公司就可以忽视人情。二者是相互作用的，它们两个共同组成了公司的文化核心。一个好的管理者，必然是能够将制度和人情两者进行平衡，让它们完美结合的。这份结合就是管理者的竞争力，也是一家企业的竞争力。

第六章

管理公司和人才的智慧

当你不能管理自己的时候，你便失去了所有领导别人的资格和能力……伟大首先在于管理自己，而不在于领导别人。

管理的本质：向客户传递价值和希望

　　管理是一件既简单又复杂的事，既有看得见的条条框框，又有许多看不见摸不着的规则。把一件事情的潜规则说清，应该是智者和圣贤的工作。为什么？通常的人都只能看见、看到，看清楚、看明白；但只有圣贤和智者才能做到看破、看透和看穿。所谓看破、看透、看穿，就是能从事物的反面去看，而非只从正面去看。举例说，如果你能看到生，这叫看见；如果又能看到死，就叫看透。我看见人，能看明白；但我还能看见"兽"和"鬼"，这叫看穿。所以，如果揭示出一些潜规则，不仅看见正面的，也能看到反面的；不仅能看到阳光的一面，也能看到阴暗的一面；不仅能看到大家认为"是"的东西，也能看到大家认为"非"的东西；不仅能看到"似是而非"的东西，也能够看到"似非而是"的东西。这样一个"掰开了，揉碎了"的过程，对于所有管理企业的人来说，无疑是打开了另一个天地，到达了另一种境界，从而为大家开启了另一条发展的道路。

——冯仑《野蛮生长》

　　对一个企业来说，管理绝对是重中之重。而且，这也是困扰管理者们的一个大问题，很多人的状态就是有很多的管理经验，在很多方面可以做得很好，但又一直觉得有些问题没有搞清楚，重要的是，这些问题是不好发现的。所以，可以说很多管理者是既懂管理又不懂管理的。之所以会这样，就是因为没有弄懂管理的真相。其实，管理说难也难，说简单也简单。管理其实是没有秘密的，重要的是抓住本质。也就是冯仑所说的，要看透，看穿。

关于管理，冯仑曾作过一个非常精妙的比喻，从这个比喻中可以看出冯仑对管理的思考，也能给管理者很多参考和启示。

在冯仑看来，一个好的企业就应该像一座庙一样。庙里常常会来遇到了麻烦的香客，他们跪在神的面前，磕头、祈祷，并烧香、求签，也有布施。对于这座庙来说，这些香客就相当于客户。他们完成了一个祈祷过程之后，就会带着希望回家了，他们来的时候内心是充满了凄苦的，但走的时候，大都已经希望满怀了。

庙里还有很多小和尚，他们负责敲木鱼、点灯烛，早上将布施的箱子准备好，晚上再将之收回来。这小和尚的作用就是为香客们服务，给香客们营造一个肃穆的环境，让他们相信这里可以给自己希望。所以，这些小和尚就相当于一个个产品经理，他们是大和尚与香客间的纽带，负责传达。

庙里的大和尚，也就是住持、方丈，就相当于企业家，他不出面，但是他的理念和给香客的祝福却能很好地传达出去。而且，大和尚们还经常去建造新的庙宇，扩大寺庙的规模。大和尚所做的其实就是传递价值。他给香客的，表面上是一包香灰，但其实是一个希望。那香灰是不值钱的，可是这希望或价值就值钱了。正因为此，香客们才愿意花费一定的金钱来这里讨香灰。当然，这个具体的操作过程是由小和尚去完成的。

香客回去后，自己的愿望可能实现了，也可能没有实现。不过他从不会怀疑，他的内心还是有很大的虔诚在的。当下次有事情的时候，他还会再来，继续祈祷、叩拜、布施，然后拿走香灰，带回希望。这就是客户的忠诚度。

以上就是冯仑的类比了，这么类比下来，让一切变得简单了，但又一样深刻。所谓的企业，就是让顾客带走一小部分的使用价值，和绝大部分的希望。一个经理人就是为客户营造好企业家所想要传达的价值。

所以，管理不管怎么变化，其本质是不变的。只要做到了给客户少部分的使用价值和绝大部分的希望就是好企业，朝着这个目标去努力的企业家，就是好的管理者，他的方向是绝对正确的。选对了方向之后，路怎么走也就简单了。这就是管理，没有任何秘密，抓住本质之后，一切了然。

真正的管理之道，不在于具体的做法，那些都是细枝末节。一个主意再巧妙，某一个制度再精巧，也难以支撑一个企业，更难以成就一个企业家或管理者。真正懂得管理的人，一定是发现了正确的方向，找到了管理的真谛的人。这样的人，自然能够找到具体的路。如果没有把握这个大方向，那么即使有再多奇妙的点子，依然是不行的。因为某一根柱子再坚挺，也不足以承载大厦的重量，真正支撑起大厦的，是坚实的地基。做好管理，应该将功夫花在管理之外的地方。

雷军是小米科技的创始人，近两年他带着自己的团队，为客户制造了一个又一个惊喜。之所以能够做到这样，靠的就是他们的管理模式。

雷军是一个非常聪明的人，也是一个有着丰富的管理经验的人。在成立公司之初，他花费了绝大部分时间去寻找人才，他知道，只有手底下的人才足够，才能够创造出大的业绩来。

有了足够的人才储备之后，就是制度的建设和日常管理了。雷军强调管理扁平化，也就是给员工足够的自由度，让他们有自由发挥的空间，而自己少伸手干涉。这样，员工的创造力就被激发出来了。

在利益分享上，雷军也采取了一系列的措施。他建立了一个透明的利益分享机制，将所有的东西透明化、公开化。这样公司内就少了猜疑的气氛，而能让彼此坦诚和信任了。而且，同时雷军还强调责任感。

小米创建以来，从来没有设立过打卡制度，也没有 KPI 考核制度。他们强调的是责任感，在小米公司，每一个员工都要把别人的事当成是第一件事。雷军还举了一个例子，比如一个工程师将代码写完了，那么就要让另一个工程师来检查一下，这时候那个工程师不管多忙，都要停下来先做这件事，等检查完了再去做自己的事情。雷军之所以要建立这样一个企业文化，为的就是培养员工的责任意识，一种高度的为别人负责的责任意识。他觉得，只有员工有了这样的责任意识，才能将客户的需求放在第一位，才能够在意客户喜欢的价值。

雷军的这一做法确实是有效的，小米的确是一个用户满意的手机品牌。而且，小米给用户的不仅是产品的使用体验，还致力于跟用户交朋友。

在跟客户交友方面，小米做了很多尝试和努力。比如客户投诉或者客户抱怨的时候，客服人员有权决定是否应该送客户一些小礼物以平息对方的情绪，还有微博上关于客户的意见必须第一时间回应等很多。

雷军的这种做法，触及了管理的本质。他们是在向客户传递价值，在给客户营造情感的归属。而小米手机的用户群体，也确实是黏度很高的。他们不仅自己用，也会推荐身边的人用，这一用户黏度，就是小米坚持向用户传递价值的直接结果。

每一个企业的成功，都是有迹可循的。如果将成功公司的做法全部汇集起来，就会发现，他们之间有很多的共同点。这些共同点，有一个就是向客户传递价值，给客户一种希望和愉悦的体验，这就是管理的本质了。知道了这点，管理也就不再有秘密可言了。只要全部的做法都围绕这一主题，那么，总会有成功的那一刻。管理很难，但管理其实也不难。想要做好管理，不在于花费了多少精力，而在于站在了哪个角度。如果站在全局的角度，从管理的本质入手，那么，管理就是一件很轻松的事情。

用现代化思维来管理企业

　　总体来看，或者从民营企业发展的过程来看，随着每一个阶段的不同，尤其在中国这样一个急剧转型的社会，随着财富积累的速度越来越快，我们的传统文化、习惯，包括我们意识形态领域里沿袭下来的一些说法，会不断地挑起对"原罪"问题的讨论和对"原罪"的再追究。所以在中国，财富的创造和积累，始终潜伏着一些威胁。

　　那么，究竟什么才是求生之道和解决之道呢？我认为解决这个问题可以从两个方面着手。一个方面是企业自己在面对这个问题时，要坚持我们曾经提过的"四化"，就是"资本社会化、公司专业化、经理职业化、发展本土化"。用这个"四化"使你的自有资本金得到充实，同时让公司在一个专业领域形成自己的竞争能力，再培养一个好的团队，然后认真地经营企业，坚持在本土市场成为强者。我坚信，只要按照这"四化"走，"原罪"的绳结就可以解开。

——冯仑《野蛮生长》

　　关于企业的原罪，有很多不同的理解。在冯仑的眼中，企业的原罪并不是说在企业成立之初，用不正当的手段来获取利益，而是企业在成立的时候，由于创立者在经验、经历和认识上的局限，会在管理上有很多只符合企业暂时发展需要，或者本身就跟企业发展不相容的制度和企业文化。这种困境，被冯仑称为企业的原罪。而随着社会的发展，这种困境，在新生企业的身上，体现得越来越明显了。

为了应对这种困境，冯仑和他的合伙人在经营万通公司的时候，曾经走过一些弯路，最后通过反省和压缩企业规模的方式走出了困境。不过，在这个过程中，冯仑不仅找到了战胜困境的方法，同时也对企业制度的建立进行了思考。其思考的最终结果，就是现代企业要有"四化"，即"资本社会化、公司专业化、经历职业化、发展本土化"。

这"四化"是冯仑的经验之谈，也是他给那些创业者提出的忠告。

首先，"资本社会化"指的是要有一个良好的融资方式，可以通过自己创业前的积累，或者进行小额的贷款，完成自己的初创业，之后，要想办法通过社会融资来补充自己资金的亏空，比如公司上市等。最要不得的就是依靠借贷来维持企业的发展，尤其是依靠借贷来让企业实现高速、暴利的发展，那是一条表面看起来很风光但暗处埋藏着陷阱的死路。

其次，是"公司专业化"，不管干什么，第一件要做的事情就是了解，只有了解了才能够做出正确的判断，之后是钻研，让自己变得专业。当一个企业在本领域达到了专业的程度之后，它也就有了强大的竞争力，不管形势如何变化，它都能够保证自己的发展。因为它的专业性决定它在市场上是不可或缺的，这份不可或缺，就是它的强竞争力。

第三是"经理职业化"，即要有专业、职业的人才，在人才的运用和培养上，要有一定的规范，有制度性。很多企业创始的初期，都是通过关系维系的，有亲情关系，有朋友关系。这份关系虽然很牢靠，在创业初期也容易形成一股凝聚力，但一旦企业做大了，就会显露出弊病来。因为没有一个规范，彼此很难约束，尤其是发生分歧的时候，谁也制止不了谁，矛盾也就产生了。如果有一个职业经理人，或者管理者都用职业经理人的标准来要求自己，从而在公司的管理上形成一套完整的制度，那么这种情况自然就能避免了。

最后，是"发展本土化"，所谓的发展本土化，就是要有一块属于自己的，并且是自己属于的范围。比如一家北京的公司，那么首先应该想着如何将北京地区的业务做好。之所以这样，是因为这是本土作战，有地理优势。在这里，风俗人情、市场情况你都了解，自然就更好发展。如果放弃自己熟悉的地域，而直接去其他地方，就要有一个熟悉的过程，在这个熟悉的过程中，可能很多机会就溜走了，这对企业是不利的。

总之，冯仑眼中的这"四化"，归根结底就是一个现代化。在当今世界，经济发展迅速，变化尤其快，因此一定要抛弃某些传统的思维，用现代化的思维来经营企业。在建立制度上，要人性化，给员工自由度，但又不能散漫；要有效率，让员工发挥潜能，但又不能给其太多负担。只有做到这些，才能让自己的团队有活力，也有效率。一个有活力、有效率的集体，自然是一个竞争非常激烈的集体。

万科集团如今已经成为中国房地产企业的一面旗帜。它能有今天的辉煌，不仅是万科人奋斗的结果，更是因为它有一套现代化的管理制度。在制度和发展方面，万科一直致力于人性化和现代化两个标准。

现代化管理的一个关键，就是制度至上。这一点在万科集团体现得很明显，在万科，并不要求下级不管何时都要服从自己的上级领导，但却要求每一个万科人都必须服从于公司的制度。有了这一标准，也就实现了规范化。当公司的所有人都以制度为自己的行为基准的时候，大家也就对公司有了共同的认识和理解。而完全服从于这一理解，也就可以避免很多不必要的麻烦。比如，一个完全人治的公司，如果彼此之间出现了意见分歧，那么肯定是无休止的争论，最后可能会有一方放弃自己的想法，跟对方达成一致。但也有可能造成各自为战的局面，这样，大家的劲就无法使在一起了，必然会降低竞争力。可是有一个大家都遵守的制度在，也就有了标准，那么就更利于彼此达成一致。这样，力量就更集中。而且，规范化的制度管理，也能让员工将更多的精力都放在工作上，而不是放在如何跟领导搞好关系上面。

在人才选用上，万科也有自己的标准，万科是人才至上的，他们不仅积极吸引外来人才，也不断培养内部人才，他们的培训体系是十分完备的。在万科，每个人只要努力，只要有实力，就能够得到相应的回报。这一做法，让他们实现了人性化。所谓的人性化，就是给员工一种强烈的归属感，这份归属感不仅有温馨的氛围，更有发展的需要。如果一个员工能够在公司中找到自己的理想，那么他的归属感就很强烈。这样的公司也就是一家人性化的公司。

在公司的发展上，万科也是遵循现代化意识的，即专业。万科由贸易起家，最后转行做房地产，虽然跨界，但并没有放弃对专业的追求。这一点，在转型的时候就可以看出来，万科转型时，其实有好多条路可以走，而且更重要的是，它还有一定的多元发展的机会，但是万科并没有选择多元发展，而是紧盯房地产一行，并立志做到最专业。

现代化管理是冯仑给民营企业开出的药方，也是他个人的经验之谈。同时，通过很多企业的发展壮大过程，也证明了这是一条正确的路，是一条可取的路。正是这份对于专业的追求，让万科可以领跑房地产行业。因为他们专业，所以很多同期的公司都一个个倒下了，但他们不仅没有倒下，反而走得更加矫健。这就是专业化的力量。

　　不管是万科的王石，还是冯仑本人，都认识到了现代化的重要性。一个企业，如果想在变化迅速的时代不被落下，一定要具有现代意识。一个管理者，如果让自己的事业走得更高更远，那么也一定要有现代意识。新的时代，对人们提出了新的要求，而我们要做的，就是去适应它。

先管理好自己，再管理员工

经常听到一些领导抱怨公司没人，但查看他的日程表，几乎没有和猎头公司、潜在可以挖来的人的见面时间。问题究竟在哪？一边把自己忙得够呛，一边抱怨没得力的人，其实不必把精力放在找人上面，管理好自己就会有人来。起初我也这样，近几年我和猎头公司保持联系，没事就找人，就当交朋友。企业家、高级管理人与猎头的交流时间必须在日程表中安排出来，优秀的人需要自己去找。

还有一个要点，应能分清什么是重要的事和紧急的事。比如，客户投诉是紧急的事，但员工没有权力，只有老板可以做主；虽然问题一下解决了，老板很有成就感，他却做了别人的事。重要的事是建立制度，设定服务章程。管理自己，就是做重要的事，也就是管理自己的事。紧急的事，通常都是管理别人或代替别人管理的事。学会管理自己，就会变得很从容，因为把重要的事（公司战略、员工培训、制度建设）都做好了，剩下的事员工自己就能处理了。6年前我们公司客户投诉比较多，局面很乱，后来下决心建立了3个层次的客户系统，顺利分流，现在80%的问题在部门以下就解决了，到经理层面的也就20%，需要我直接处理的客户、紧急事件每年也就一两件。

公司领导者管理自己永远比管理别人重要，行为管理、行为矫正的关键是校正自己的行为。

——冯仑《野蛮生长》

提到管理，很多人想到的都是如何管理手下的员工，怎么样让他们更好地全心投入工作，更有效率，很少有人想过，其实管理并不是管别人，而是先管好自己。在这方面，冯仑的认识是很深刻的。

冯仑一直强调，管理，第一就是要管理好自己，他也常说，伟大的人就是能管好自己的人。他不仅是这么说的，也是这么做的。

在万通的发展史上，有很多关键的时刻。而这些时刻，冯仑都很好地带领企业渡过了，并取得了不俗的成绩，他靠的就是一种强大的自我管理能力。

冯仑是一个自律性很强的人。在进入房地产行业初期，就曾给自己做过规定，要走正路，不走邪路。万通地产创建的时候，正是改革开放初期，那时候，很多制度还不是很健全，而且，人们刚刚开始进行商业运作。很多人选择了用一些见不得人的手段来扩张公司。但冯仑他们却没有，他们觉得，这样做或许可以短时间内积累最大的财富，能够让公司快速扩张，但毕竟不是正路。于是，他们选择了在阳光下稳健发展。虽然万通也有一段时间存在扩张过快的问题，但这扩张也是在阳光下的。正因为此，万通才有了今天的信誉。冯仑曾经说过，他们在申请项目的时候，批文平均下来的时间要比其他公司快两三个月。这快出来的时间，靠的就是他们公司的信誉。因为信誉良好，所以证监会会省去很多项目，这是对一个好公司的信任。

今天在这里谈论冯仑的做法自然是简单的，不过处在他们的位置时，做出那种选择却并不简单。看着同时成立的公司，人家都大把进钱的时候，自己却放着轻松进钱的路不去走，而缓慢前行。这需要的不仅是强大的自制力，还要有道德品格支撑。在利益面前，人们是最容易迷失自己的，而那些抵住了利益诱惑的，自然都是管理自己的能手。

从这点可以看出，管理自己有多么重要。一个企业家，管好手下的员工，能得到的仅仅是比别人效率高一点。可是如果管理不好自己，带领公司走上了一条错误的路，那么就是灾难了。

管理，从来都不是简单的事。想要做好，必然要抓住其本质。要明白，管理是为企业的发展服务的。而企业的发展，高层比中层和普通员工起到了更大的影响。所以，管理也应该是从高层自身入手。一个企业中，只有决策者做到了自律，才能让这个企业有更大的生存和发展空间。如果做不到这点，那么即使普通员工再规范，公司一样无法得到良好的发展。

企业家首先要严格管理自己，再严格管理员工。王石是一个优秀的企业家，也是一个卓越的管理者。他的管理才能不仅在于能管好庞大的万科集团，还在于能够很好地管理自己。他不仅能管理好自己的时间，还能很好地管理自己的行为。这一点，是很多人都无法做到的。

在中国的企业家中，王石应该算是活得非常潇洒的了。在其他人埋头于如何管理企业的时候，他已经将公司打理得井井有条，而去登山了。他能有这份潇洒，靠的就是一种强大的自我管理能力。这在他登山的过程中，体现得非常明显。

在登山的过程中，王石的自我约束能力是极强的。他一般说几点进帐篷睡觉就会几点进去。很多人会因为跟队友聊天聊得兴起而一时不想去睡觉，但王石不一样，比如他事先说好今天要五点睡觉以保养体力，那么不管跟大家聊得多么开心，到时间了，他都会进帐篷去睡觉。在食物方面也是一样。登山队员吃的东西，味道一般都是不怎么样的。可是王石不在乎，不管如何难以下咽，只要是对增强体力有帮助，他都会吃进去。而不像有些队友那样，遇到好吃的就多吃点，遇到不好吃的或者不愿吃的就少吃甚至不吃。

正是由于这份自我控制能力，和良好的时间体力规划，让王石往往能够登上其他人登不上的高度。有很多跟他一起登山的朋友，往往在前半程的时候，体力都是十分充沛的，表现得也都很好，可是却因为不懂得如何节约体力，登到一半的时候，就再也没有力气往上爬了。但王石并不存在这个问题。这就是王石的自我管理能力。

在做生意方面，王石也是如此。万科秉承的是专业化和精细化，他们有自己钻研的领域。而且，这个领域之外的业务，王石是坚持不去碰触的。哪怕再有诱惑力，他也不会去做。在王石看来，一次没有严格遵守自己的原则，那么就会有第二次。从事不专业的事情，这次或许因为运气成分可以赢利，但并不能保证下次也是如此。多次做这样的事情之后，总有失败的那一天，到那时后悔就晚了，还不如开始就不去做。

如果说万科是成功的，那么王石的自我管理能力必然是其成功的因素之一。一个企业，如果管理者是不能自制的，经常犯一些错误，那么发展也就无从谈起了。如果这个企业的领头羊懂得自我管理，能够克制自己的，那么必然能够带领公司走上正确的路。

一个管理者，想要让自己的团队有高效率，那么必须要学会管理好自己的员工。可是，如果想要让自己的团队有更大的发展，有更大的作为，那么他要做的一定是管理好自己。因为自己决定着这个团队的发展方向。不管什么样的团队，发展方向总是比内部合作更重要的。因为哪怕你的团队效率再高，走在一条错误的道路上，一样是无法成功的。反而会因为你们走得过快而让团队过早走向失败。

管理，重要的不是方法，而是对象，是方向。管理中最忌讳的就是自己高高在上，去对别人指手画脚。只有低下头，先从管理好自己开始，才能真正做好管理。

发现人才，投资于人才

对人得仔细考察，在时间、地点、金额、企业相同的情况下，人就是最重要的考察对象和决定是否投资的唯一条件。华润这几年的并购非常成功，在啤酒业里已经成为全国第一。我跟华润的老板聊，发现他们特别重视原有企业的人力价值，而且把被收购企业的高管安排在合适的位置，同时再给他们一个很好的激励。让这些企业在同样的钱、同样的机器、同样的产品的情况下，改变人和体制，使整个企业彻底改观。

那么，投资于人，主要投资于人的哪些方面呢？这有很多种投资法，有很多种动机，但总体来说都是希望有回报，金钱的回报或者其他的（安全的）回报。

首先，投资于人是投资于人的才能，投资于人的才能最典型的是投资艺术家。有一天晚上，我到一个收藏家家里闲玩，发现他是这么投资于人的才能的。他说他把一个画工笔画的人给买断了。那个人从五六岁就开始跟着家里人学工笔画，现在四十七八岁，已经练了40年了，在中国没有一个人比他画得好，他画出来的羽毛，看上去跟真的似的，比拍的照片还真，他能画出那种感觉。收藏家把这个人买断了，买断15年。今后15年里，这个画家所有的画他都收，0.3米4 000块钱。买断以后，就开始包装和向市场推广这个人。现在，这个画家的作品已经到 0.3 米一万了。但他不需要先给画家钱，画家画完一张才给一次。他说这种画画得特慢，一张画，大一点的要画两个月，太精细了，所以产量也不会大。那么 15 年以后，这个人为什么就不值钱了呢？他说，画工笔画的 15 年以后手就哆嗦了，功夫就不好了，所以 15 年以后的价值一般要往下掉。这就叫买人的能力。又比如说现在的球星，为什么转会费很高，这都是要买断他的能力。所以投资于人的能力是一个基本共识，投资于人的特殊能力是有唯一性的，而且市场的价值空间也比较大。

——冯仑《野蛮生长》

企业间的竞争，也可以说成是企业家之间的竞争。一个格局大、能力大的企业家，是更会管理，也更懂得经营的，也必然能够将企业做得很好。可是，一木不成林，企业家个人哪怕能力再强，如果没有帮手，也必然无法让企业做到最好。这帮手，就是他四处招来的人才。

在面对人才方面，冯仑是其中的行家。冯仑是万通的创始人之一，更是最初的召集者，不过他没有选择自己独立成立一家公司，而是选择了合伙人的方式，因为他明白，一个人的力量到底是有限的，需要有很多帮手。他没有像其他老总那样，只是招来一群打工者，而是平均分配了股份，这样，大家都有股份在里面，自然也就都将全部的精力放在万通上了。这就是买人能力的方式之一，让人才将自己的所有精力和潜力都放在自己这里。

冯仑不仅明白人才的重要性，也是善于发现人才的。虽然最后万通的几个合伙人分了家，但都各自发展得很好，如今都已经成了一方大佬。这当然要归功于冯仑的识人之能。冯仑能做到这样，跟他的人才观是有极大的关联的。

在一次演讲中，冯仑曾经提到过自己的人才观。他说，很多民营企业的老总在选择人才的时候，总是将忠诚放在第一位。之所以如此，是因为很多人觉得，一个企业或一个团队，最重要的是凝聚力，而一群忠诚的人在一起，自然是凝聚力最强的。但是冯仑却不这么看，他觉得，忠诚是一个好的品质，是每个人都需要的。但是如果将忠诚当作是选择员工的第一标准就有问题了，往往会跟自己之前的想法背道而驰。因为这些人在人才上的投资，不是用在了能力上，而是用在了其品质上。

冯仑分析说，人与人之间，哪怕因忠诚而产生的联系纽带再强，也是有个远近亲疏之分的。比如说，两个人都愿意对你忠诚，可是一个人性格开朗，另一个比较沉闷，而你恰恰喜欢那个开朗的，也会在参加重要活动的时候总是带着他。这样，就造成了一个局面，另一个内向的人会感觉自己会被忽视了，从而慢慢生出不舒服的感觉来，冲淡他的忠诚感。事实也确实如此，那些有亲信的公司老板，普通员工大都对其敬而远之。因为亲信的存在，让其他人觉得自己是不被信任的，是不重要的，从而感觉不舒服。

用人，就要用有能力的，更重要的是，有现代性意识的。在冯仑看来，一家企业，对老板忠诚的人很少，而对制度忠诚的人很多才是最好的。这样的公司，更具有现代化的意识，懂得用统一的标准来约束自己，从而能提高办事效率。他说："我觉得一个民营企业进步的最终标志之一，就是老板消灭身边最后一个对他个人忠诚的人，让所有员工去忠诚于体制，忠诚于公司的制度。"这份对制度的忠诚之心，就是一个员工有没有现代性意识的判别标准。而一个企业家将人才的判别标准定位在服从自己上，还是服从公司制度上，体现的就是这个企业家的用人标准。找忠诚于自己的人，是在投资人的品格，找忠诚于制度的人，则是投资于人的能力。

人才是重要的，但一个人是不是人才却没有一个固定的标准。有能力的人是人才，有品格的人也可以称之为人才。一个成功的管理者，就是能够判别这些标准，将精力用在投资人才的能力上。只有这样，企业才能更有发展。

一个企业不管什么时候都是要注重人才的，可是困扰很多企业家的问题是，如何招徕人才，又怎么发现人才。在这一点上，百度的领军人李彦宏有自己独特的做法。

李彦宏做的是互联网行业，这是一个更新速度极快，对人才需求极大的行业。很多互联网行业的老板都在千方百计地发现人才、挖掘人才、培养人才。不过好像很多人做得并不如意，虽然付出了很多努力，却并未得到相应的回报。在这一点上，李彦宏就做得很好，他别出心裁，用比赛的方式招兵买马。

李彦宏很重视人才，他曾经说自己差不多有三分之一的时间是在寻找人才。可是这种盲目去找的方式效果并不理想。虽然发现了很多合适的人才，但一个人的精力毕竟有限，认识的人也有限。这样，寻找基数就少了。他觉得，现实的情况更接近于，人才在寻找企业，企业也正在寻找人才，可是两个合适的人恰巧碰在一起的概率却很小。想要解决这个问题，就要扩大范围，想出一个可以大范围发现人才的方式。李彦宏选择的方式是用百度的影响举办人才比赛，从而发现自己想要的人。

很早以前，百度就举办了一个叫作"程序之星"的比赛，全国各地的人都可以报名，如果杀入了决赛，不仅有丰厚的奖品，能够为广大业内人士熟知，还可以跟百度签约，成为百度的员工。在2007年的百度"程序之星"比赛中，竟然有上万名选手报名。这极大地扩展了可选人才的范围。而且，这种比赛的方式还可以现场检验各个参赛者的真正能力，实在是一举多得。

就是凭借着对人才的热爱，和别出心裁的寻找人才的方式，百度才会有今天的成绩。李彦宏曾说，服务器基本用三年就报废了，办公楼也是租来的，这些都是没有太多价值的东西，只有人才才是一个企业的真正竞争力。当然，不仅要有对人才的重视，还要有发现人才的办法，和辨别人才的能力。

会赚钱，更要会用钱

　　人（往大了说也可以指一个公司）一生会有三个钱包，他可以使用三种钱。一个是现金或资产，这些东西是物化的，可以看到。比如在银行存了100万，还有100万房产、100万股票，这是一个钱包，是可以计算的钱包。多数人每天在算的就是这个钱包。第二个钱包是信用，别人口袋里的钱你能支配多少。比如我给某某打电话借100万，结果下午钱就到账了。虽然这个钱在法律上是不属于我的，但是我能支配，这种钱比较难度量，它是抽象的、虚位的。在你急难的时候，你可能借到这笔钱，这是信用的钱包。第三个是心理的钱包，有人花100万觉得挺少的，因为他有一个亿；有人只有10000块，花了9999块，心想完蛋了，要破产了。同样一种花钱方式在不同情境、不同心态下，你感觉钱的多少是不一样的。比如，在困难的时候，一块钱对你而言可能顶100万；当你有一个亿的时候，就觉得100万也似乎不是钱，尤其是在环境和平、生活无忧的时候。

　　所以，人一生就在不断翻动着这三个钱包里的钱。第一个钱包里的钱是最容易度量的，也比较易于管理，就像煤球，踢一脚就踢一脚，脏了烂了反正都是那么一堆。第二个钱包是最难管理的，信用资产是飘在天上的

冯仑内部讲话 最新版

氢气球，它可以飞得很高，但也很脆弱，一扎就爆了。所以越伟大的公司，越害怕投诉，越害怕有人扎他的"气球"。好的公司好的人用了别人的钱，用得多了也自然有人要监督你，所以第二个钱包轻易不能打开；但是不打开调动的资源又有限；资源调动得越多，信用越大，你也越脆弱。所以，公众公司容易被丑闻打倒，而私人家族公司反倒不怕。第三个钱包实际是心理感觉。有两种感觉决定钱包的大小，一种是情境的变化，顺利和困难时支出钱的多少会让人有心理反差；第二种取决于钱的稀缺程度和它在你心里实际占的比例，而不是绝对的花了多少钱。同样都花 100 块，一个占50%，一个占 10%，是不一样的。人一生在调配钱包的时候，实际是每天都在算三个钱包。做一个好的企业，是要放大第二个钱包，调整第三个钱包，守住第一个钱包。守住第一个是根本，放大第二个来促进第一个钱包的增长，最后是调整心理预期和实际的风险控制，不让自己处于高风险的地方，让"心理钱包"总是很平衡。如果预期脱离实际，你的"心理钱包"老是不稳定，就会急躁地做出决定。

——冯仑《野蛮生长》

　　企业的目的是营利，但企业家的目的不应该是仅仅营利这么简单。企业家是要有梦想的，也是要有担当的。而想要实现这梦想和担当，首先要做的就是理清对钱的态度。作为一个企业家，不仅要知道自己有多少钱，知道如何赚钱，更要知道怎样花钱，还要明白钱的特性。

　　冯仑的金钱观就是很有意思的。在他看来，一个企业家应该有三个钱包，这三者各有特点，也各有用途，更是应该用不同的态度去面对。

　　冯仑经常会给一些创业者指点，在如何面对钱的这个问题上，他也说过很多。在冯仑看来，一个创业者，首先要满足一个条件，也就是他的第一个钱包一定是满的，至少要够用，也就是创业首先要有本钱。如果没有本钱，而是靠借钱创业，那么就会有很多不方便的地方。第一就是，借钱也是有利息的，即使是向朋友借，对方不收利息，那也是要欠人情的。最重要的是，这份钱会给人带来一定的压力和负担。有人觉得这份压力和负担可以催人奋进，让一个创业者绷紧神经，更加努力。但同时也要看到，这压力也有不好的一面，有这份压力在，创业者往往就会更倾向于去冒险。冒险对一个创业者来说，是大忌。

企业创建之后，就要开始琢磨赚钱了。不过在这个阶段，冯仑给出的忠告是，不要先想着如何填满自己的第一个钱包，至少是不能只想着如何填满第一个钱包，还要想着如何让自己的第二个钱包鼓起来。对于初创的企业来说，往往都会无限去追求利益。这种做法无可厚非，但更重要的是，要想着如何建立信用。如果信用建立起来了，那么企业的发展也就有保障了。这是企业长期发展的基础，更是让企业发展壮大的必要因素。

接下来就是第三个钱包了，也就是对钱的态度。人应该看重钱，但不能只看重钱。该舍的时候，就要有舍的精神。有人说，选择的关键不在于想要得到什么，而在于能够舍弃哪些。经营企业也是这样的。一个有舍的精神的人，不会被失败打倒，因为他在做出选择，决定上马一个项目的时候，就已经想到了可能出现的困境，并能坦然接受这些了。这时候，如果这个项目有了问题，他不会后悔，更不会萌生退意。这样他就能坚持下去，这份坚持，就是企业成长的保障。

作为一个企业家或管理者，要做到的就是理性看待自己的三个钱包，只有将这三个钱包的位置摆正了，才能让它们不断地鼓胀，让自己变得越来越有钱，事业越来越顺。这是一个企业家的能力，更是决定一个企业大小的重要因素。

　　一个企业家，不仅要有强大的管理能力和前瞻性的目光，还要懂得如何支配钱，如何赚钱，如何管理钱。古话说，吃不穷、穿不穷，算计不到就受穷，也是这个意思，钱不在多少，关键在于管理和经营。一个管理钱的高手，可以用钱生钱，而一个不会管理钱的人，即使再富有，一样会有没钱的那一天。

　　在对钱的管理上，比尔·盖茨很有经验。盖茨是一个有钱人，但并不乱花钱。他平时很节省，凡事都有算计。不仅在个人生活上如此，在经营公司上也是一样。而且，他还经常教导自己的员工，给他们灌输正确的金钱观，告诉他们如何管理自己的钱，如何建立多赚钱的渠道。

　　盖茨的做法主要有三点。第一就是有服务意识，要让用户感觉舒服，这一点不仅体现在客户服务人员解答用户问题的态度上，更是体现在产品的设计上。电脑操作系统有很多，但微软却可以打败别人，以绝对的优势控制市场，就是因为他们的产品符合用户的习惯。用户喜欢上了产品，那么企业自然也就有营利能力，能够赚到更多的钱了。

　　第二点就是维护企业信誉。盖茨深谙一个道理，一家企业，信誉可能无法直接转换成钱，但是如果没有信誉，那么几乎赚不到钱。因此在经营企业的时候，他始终是重视信誉的。正是因为有着强大的商业信誉，所以盖茨才能得到全世界人的尊重和爱戴。人们喜欢他不是因为他有钱，而是因为他是一个有信誉的人，建立了一家有信誉的公司，更是给人们的生活提供了便利。

　　第三就是懂得利用钱。盖茨有钱，会赚钱，但也知道如何利用钱。他平时的生活是非常简朴的，坐飞机要坐经济舱，也很少甚至不买名牌商品。但是，他在做慈善方面，却从来都没有小气过。甚至还主张裸捐，就是百年之后，将自己的所有财产都捐出去，一分不留。这是一种境界。而正是这种境界，让盖茨在世人面前建立了信誉。这份信誉也延伸到了他的公司，很多人都因为盖茨是一个好人，所以开始认同微软公司。这是有利于微软营利的。

总之，作为一个管理者、企业家，要的就是对钱有一个清醒、正确的认识。真正的企业家不仅是赚钱的高手，也是花钱的高手。他们知道，钱如何用才能产生最大的社会价值。这份能力，反而会让他们更加有钱。

和员工保持亲近感

征服自己比征服别人更重要。古人有句话：人必自强而后强人。你先得把自己当块料，把自己放在一个正确的位置上，让自己有一个好的角色定位才能真的成为一块好料。

记得我硕士毕业时，和很多领导一起吃饭，多数学生都说感谢老师，说自己真不容易，终于毕业了。我当时喝多了酒，说应该是"巴结群众、重用自己"，当时领导们不高兴了，说这么多领导你巴结群众，其实我那时候才25岁，但是我真这么想。你说巴结领导，机关里领导就那么几个，所有人都在巴结，大家在竞争中会互相踩，而且你也没有竞争优势，你要巴结领导就是把自己糟践得更厉害，领导才有面子。反过来我巴结群众，我要求做前排观众，有机会变成小领导，如果有20个群众，你在他们心中都很有威信，最后领导就得巴结你，因为如果没有群众支持，领导就没得吃，每个群众给你一口你就饿不死，如果巴结领导，领导不待见你，你就饿死了。

所以你得把自己当成千里马，不能等别人把自己当成千里马。要把自己定位好，去发掘自己的潜质。

——冯仑《巴结群众，重用自己》

管理者最忌讳的就是跟自己的员工有距离，这个距离是心理上的。只有能够跟员工打成一片的管理者，才能构建出最好的团队，用冯仑的话说，就是巴结群众。这里的巴结，自然是一种略带夸张的说法，事实上，只需要跟他们做朋友就可以了，让他们感觉到温暖，也就是常说的人性化管理方式。

冯仑就是这样的一个人，他是很有亲和力的，即使面对一个普通的员工，也不会有高高在上的感觉。但是在制定公司的战略方面，他又是自信的，甚至是不容置疑的，因为他对自己有足够的自信，也有足够的经验来支撑这部分自信。

这就是一个管理者应该有的素质了。低姿态，可以让自己融入团队，这样就能及时发现团队中存在的问题，了解员工们的真实想法。之后，就可以制定具体的措施，来让团队更加有凝聚力，更加有效率了。如果跟员工距离较远，不知道他们的真实想法，甚至员工都不敢跟你说出自己的真实想法，那么又谈何发现团队中的问题呢?

但在决策的时候却不一样，团队要有一个和谐温馨的氛围，但也要有尊重领导，执行领导意图的能力，只有这样才有效率可言。如果一个领导为了跟员工拉近距离，将自己的姿态也放低了，在决策上也每个人的意见都听，那么往往就会因为决策过程而错过时机。总之，员工的意见要参考，但不能凌驾于自己的判断之上。这个主次之分，还是要有的。

管理者，要保持心理上的优势，让员工信服自己。同时，也要保持姿态上的优雅，让员工乐于跟自己接近，愿意和自己交朋友。这样的团队，才是最有气氛，也最融洽的团队。

做人要自强，要自信，要相信自己的能力。但不能自大，不能过于狂妄。要明白，我们充实自己，看重自己，是为了获得认同感，是为了取得成就，实现自我，不是为了证明自己比别人强。如果觉得想要显示自己厉害，就得拼命贬低别人，那么就是走错了路了。而事实上，有很多管理者确实是这样的，对普通员工不够尊重，没有一个平等的认识。要明白，团队之间，人格是平等的。决定位置差异的，是一个人的能力和经验。在涉及能力和经验的时候，要强势，但不涉及这方面的时候，则要给别人尊重。只有这样，团队间才会有温馨、和谐而又向上的氛围。

人与人之间的距离是最难把握的，太近了，容易彼此不把对方当回事，太远了又有很多话不能直接说。而管理者与员工们的距离，就更难把握了。有些人觉得，管理者是领导，就要有个领导的样子，不能跟员工走得太近了。也有人认为，管理者要亲民，要能跟普通的员工打成一片，只有这样才能让自己更好地跟他们打交道，更好地去管理他们。

其实，这两种说法，也对，也不对。管理者是要跟员工往来，也要有一种亲和的关系，但不能太近了。像有些领导，跟员工称兄道弟，这个就有些过了，显得没有规矩。而跟员工距离太远，一副高高在上的架势，也是不合适的。那样会让员工有一种敬畏感，从而不敢表露自己的心迹。这样就造成了沟通上的不畅，也是不利于团队发展的。

一个好的管理者，一定是在心灵上跟员工没有距离，但在身份上跟员工有差别的。具体的表现就是：员工乐于跟他分享自己的心情，说出自己对团队、对公司的真实感受。想要做到这点，就要给人一种亲和感，平时要做到针对事却不针对人。只有这样员工才敢于说出自己的想法，而不是害怕被领导穿小鞋，从而唯唯诺诺，表面上敷衍。

还有就是，一个跟员工没有心理距离的领导，是能够得到员工们的真心拥护的。他们会自觉地为公司付出，主动承担自己的责任。想要做到这样，靠的就是关怀员工，替他们着想。人都是有报恩的情结的，如果你对一个人好，对方肯定也会回报你同样的好。因此，不要将员工放在自己的对立面，像防着自己的敌人一样，防着他们偷懒。如果那样做了，员工也一定会产生抵触情绪，抽空就会偷懒。

再者，能跟员工打成一片的管理者，往往都能在团队中营造出一种温馨的氛围，让员工从这种氛围中找到一种认同感，产生情感归属。这样，员工就会更愿意跟公司一同发展，有更大的稳定性。而这样的团队，也必然是配合默契，能发挥出更大效率的团队。这些，都是于公司发展有利的。

总之，在对待员工的态度上，要符合我们的社会法则，要讲制度，也要讲人情。最好的做法就是虽然不是家族企业，但要像经营自己的家一样经营企业。把非家族企业打造成一个家的管理者，才是真正成功的管理者。

将员工当成自己的朋友，让他们安心，让他们舒心，更让他们放心，那么员工也一定会回报给你一个惊喜。打造出这样的团队之后，管理者也一定是轻松的，能拿出更多的时间来做自己的事情。

企业文化单一化，业务多元化

在中国，有时道德激励比金钱激励重要一些，或者具体一点来讲，对于老年人来说，道德激励就可以了，而金钱激励对年轻人会更起作用。代际不同，处理事情的特点就不同，公司进行管理的时候就必须要有针对性。一般来讲，年轻人讲绩效、利益，年长的讲感情论辈分，另外文化和习俗也在很大程度上制约着管理的有效性。代际在变化过程中会面临文化观念的转变，或者说，由政治文化向商业文化、法律文化进行转变非常困难。

因此，如果有不同种族、不同文化背景、不同年龄段的人存在于一个统一体中，组织将会非常混乱，这也是跨省、跨国大企业生存困难的原因。所以，企业文化还是不要多元化，习俗也尽量不要多样。企业领导要关注企业文化的相对单一性，这有利于引导和训练人的行为。一个公司的高层董事会、经理人需要开放的气质，因为他们需要进行决策，需要开放的眼光和互补的精神，这有利于减少公司决策依据的片面性，提高决策的正确性。但在执行层面，多样化带来的相应后果是协调性相对较差，成熟的企业则避之不及。

——冯仑《野蛮生长》

不管是一个企业还是一个团队，经营可以多元化，业务可以多向发展，但是文化构建一定要单一，或者说要秉持一元原则。这是冯仑对企业文化构建的观点，也是他一直坚持的方向。

在最开始创业的时候，冯仑没有选择自己做，而是招来一帮兄弟共同创业。不过，他虽然选择了多人的创业模式，但在选人的方向上，也是花费了功夫的。

万通地产最初的六个人中，除了潘石屹在万通建立之前跟冯仑他们不是很熟悉之外，另外几个人都是好朋友的关系。之所以这样选择，就是为了避免因个人的性格差异较大而产生企业文化多元的状况。

熟人，一定是彼此谈得来，身上有很多共同点，也有近似的价值观的。这样的团队，不管业务往哪个方向发展，但在涉及企业的方向改变和发展的时候，更容易形成一致的意见。也就是，这样的团队中，凝聚力是更强的。这就是万通能够成功的原因之一。

很多民营企业都没有处理好这件事。几个人聚在一起，开始谈论创业，但并没有涉及企业文化的构建问题，而是仅仅为了赚钱。这种方法，在企业建立的初期是没问题的，因为大家的目标很一致，就是为了企业赢利，可是一旦有了利润，那么彼此之间就容易出现分歧了。有的觉得企业应该往这个方向发展，有的觉得企业应该往另外一个方向发展。很可能就出现各自为战的局面，到那时，整个团队的凝聚力就没有了。一个没有凝聚力的团队，不仅起不到众人一起力量更大的效果，反而会比各自为战更加吃亏。

冯仑几个人做到了这一点，所以虽然在最开始的时候，经营上出了点问题，但整个团队的凝聚力都在。有一次，在对一个项目的态度上，几个人发生了分歧。后来王功权按照自己认为对的方式做出了决定。可是其他几个人并不是很认同王的决定，于是纷纷打电话问他为什么这么做。王当时也很纠结，后来干脆就将手机关机了，不接听几个人的电话。

这种情况在一般的团队中，尤其是团队中彼此的身份重量相等的情况下，是很容易出现矛盾的。但是冯仑他们没有。虽然其他几个人当时都很生气，可是事情过后，便彼此不再提及了，而且还是像以前一样地合作。这就是价值观统一，团队有凝聚力的体现，能尊重团队其他人的想法。如果在一个文化多元的团队中，出现类似的情况，恐怕就是不出现各自为政的情况，至少以后的合作中也会有隔阂的。

一个团队，有一个单一的文化系统，让团队中的人彼此认可，有强大的凝聚力，是这个团队发展的最重要的因素。

一个团体中，管理者不仅有最大的管理权，也担负着最大的责任，当然，起到的作用也是最大的。一个优秀的管理者，就是能让自己的团队中，所有成员都往一个方向努力的人。而实现这一目标的最好方式，自然是有一个统一的团队文化。

文化在碰撞中能够产生新的事物，这是多元文化的优势。但是如果是一个封闭的团队，尤其是要跟其他团队进行拼杀的团体，这种多元的碰撞却并不利于发展。更多的时候，多元文化的团体还没有在碰撞中产生新的元素的时候，就已经因为凝聚力不够而被人打败了。

随着科技的发展，人们的生活方式也发生了改变。在这方面，购物方式的改变尤其迅速。如今，很多人已经很少再去逛商场了，更多的时候，都是通过网络进行购物。网络购物不仅方便，而且便宜，从来都是送货上门的，这样既省去了从商场往家拿东西的劳累，又能用最低的价格买到自己喜欢的东西，成了新新人类购物时的第一选择。

有这个改变，是从淘宝网开始的。不过，人们的习惯形成之后，又有好多的商家也开始了网上商城业务。其中，发展最快的，自然就是京东商城了。

京东商城成立时间较早，不过真正使它快速崛起的原因，还是跟几次促销活动有关。京东最初的促销，更多是针对图书的。这是京东的发展战略，也确实是一个好的战略。

经常网购的人都有一个经验，那就是网上的东西太多，因此浏览一个商品的时候，大都是看几眼就关掉了相关页面。可是图书却不一样，图书是提供内容的，决心要买一本书的时候，首先要看他的作者是谁，看看简介，了解下这个人是否有足够的专业背景。之后，还要看目录、内容简介，然后进行部分章节的试读。这样，人们在网上买书的时候，停留在同一个页面的时间就会相对较长。这是很利于留住客户的。京东走的正是这个策略。

不过，随着用户的增多，名气的提高，京东在业务上也进行了拓展，不仅有图书，还有各种家电，以及很多小商品等。可以说，京东一直在拓展自己的业务，涵盖了很多门类。

不过，京东虽然业务拓展了，但企业文化并没有改变，依然是最初的，为客户服务。

京东商城是以客户为中心的，他们的页面设置非常简洁，为的就是让客户看着舒服。没有其他网站那么多没用的信息，扰乱用户的眼睛。同时，京东有方便快捷的投递服务，为的就是能在最短的时间内将商品送到用户的手中。同时，京东还有多样的付款方式，让客户有更多的选择。

这就是京东商城的策略了。多方向发展业务，这样可以更好地营利；构建单一企业文化，让员工有服务意识，这样更有利于建立独特的竞争力。

一家公司要赢利，就要有一定的覆盖范围，这样也可以减少风险。但同时，在企业文化的建构上，却不能多方向发展。那样容易造成企业内部价值观的冲突，且不利于团队凝聚力的培养。总之，业务可以多元化，但企业文化必须要单一。

反思自己，避免诱惑

一个企业，走了弯路并不可怕，可怕的是不懂得反省自己的错误和知道犯了错误后不去改正。

反省自己，让企业更好发展

当第一个周年的时候我们没想到怎么来过这个生日，但我们商量就觉得吃吃喝喝闹一下既花钱，而且也跟别人没有什么差别，还不如大家自己琢磨琢磨看看最近有没有什么事，花一天时间来检讨一下，后来我们就想到反省自己。我们认为一个不断自我反省、自我检讨的群体加上我们这样一个民营企业，用这种方式纪念周年又省钱又取得了进步，大家也没负担，避免了很多形式上的东西。从第一年开始我们就反省，反省完以后我们就写了一篇文章叫作《批评感激，共赴未来》，这是我们6个人对企业长期发展的一个期盼和原则。

——冯仑接受凤凰地产采访

曾子说："吾日三省吾身"。一个人，懂得反省是很重要的，企业也一样。万通公司创立于20世纪90年代初，没几年，就取得了很大的成绩。随着企业的发展和壮大，公司业务覆盖面也全面地展开了。不过这时候却出了问题。

1995到1996年间，万通的业务已经散布全国，而共同创立公司的几个合伙人也是天各一方，各自负责一块业务。几个人都是做生意的能手，在各自所处的地区也都做得风生水起，但是，由于原始的资金积累不够，他们在发展的同时，借了很多钱。不管是贷款还是借钱，总是有利息的，借贷的基数越大，所要付出的利息就越多。这时候，冯仑他们开始感觉出问题了。因为庞大的债务，决定了他们的每个项目必须要保证赚60%以上的毛利，才能让自己赚钱。而这一毛利率是非常吓人的，注定不能持久。

认识到了这一问题之后，他们开始想办法了。冯仑知道，如果继续这样下去，公司虽然会铺得越来越大，但危险也就临近了。如果哪一天市场出现了变动，行业整体利润下降，那么万通将要难以为继。这时候，他们开始了思考。

这期间，冯仑去了一趟美国，跟他的合伙人之一王功权，反复商量了这个问题。最后形成了一个大概的思路，宁可放弃壮大自己的机会，也要解决可能出现的危险。他回来后不久，就到了万通的反省日，也就是万通成立的日子，9月13日。

万通是有着反省的传统的，他们创立之初，就将公司成立的日子定为了公司的反省日，并于每年的这一天进行反思和检讨，找出过去工作中的失误和不当之处，然后将之解决掉。

这一年的反省日，对万通的影响极大。几个合伙人聚到了海南，闭门反省、认真思过，以期找到万通会欠那么多钱的根本原因。最后，他们发现，盲目扩张是一个主要的因素，但更多的是在公司创立之初，很多制度方面做得不够完备，一些事情的安排也不够合理。正是这些问题一直没有得到解决，一点点积压到现在，才导致了今天的财务危机。万通今天的危机，其实是以往问题的积累。这些问题中，有的是几个合伙人本身对市场认识不足导致的，有些是由于不够敏感，没有及时察觉市场的变化导致的。

冯仑将这些称为一个企业的"原罪"，也就是很多企业在创立之初，由于创始人对市场和之后的发展没有一个清晰成熟的认识，所以在公司的制度建设等方面会产生很多矛盾与悖论。而这些矛盾与悖论在公司发展壮大之后，便会显现出来，让公司进入困境。而改变这一局面的最好办法，自然就是不断地反思自己，反思企业。在企业的发展当中，根据形势及市场的变化，逐步调整，将之前所做的错误的或不合适的决定逐一改掉，自然就让企业走到正确的路上了。

一个企业，走了弯路并不可怕，可怕的是不懂得反省自己的错误和知道犯了错误后不去改正。万通的成功就是因为懂得反省，反省之后更是勇于改革。

反思，是每个管理者都需要的。冯仑采取的方式是反思自己，因为那时候他们正处于创业期，自然会走很多弯路，这时候反思自己是很有必要的。这样才能找出自己的失误从而快速改正。但当企业进入稳定时期之后，反思也要做出相应的改变，此时不仅要反思自己，更要反思市场。眼光要适当向外，这样才能保证自己的企业更加健康地发展。

市场一直都有红海和蓝海之分，涉足红海不一定意味着难以出头，进入蓝海也不一定就说明会赚得盆满钵满，关键在于企业领导人会不会反思自己，以及洞察市场变化。苏宁从成立之初，就面临着巨大的竞争压力，那时候，他们的对手是国美。苏宁的领头人张近东说，他们在成立的时候以及发展初期，从来都是将眼睛紧盯着国美的，从没想过像阿里巴巴、京东这类企业会成为自己的对手。

可是随着市场的变化以及人们消费方式的改变，张近东渐渐意识到，好像事情没有自己之前想象得那么简单了。不过，虽然有这个意识，他并没有采取实际行动，而是在不停反思，观察市场变化，以及寻找自己公司跟市场之间的契合度。

经过了三年的反思，张近东最后认为，自己以后的对手已经不仅仅是国美电器了，而将是京东商城、淘宝商城这类的企业。意识到这点之后，他便开始了大刀阔斧地改革，从单纯的店面销售，改成店面和网络销售同时进行的方式。

为了应对电商的挑战，苏宁从组织架构、年度计划、经营策略、人员安排等方面进行了全面的调整。这些，都是张近东反思三年之后的成果，而这一举动也确实让苏宁适应了变化。

在对公司进行了快速调整之后，就是对外跟竞争对手进行面对面的竞争了。苏宁最开始的时候，也采取了京东的方式，用打折促销来赢取一部分客户。

不过，苏宁易购的第一次打折促销并不是十分成功。虽然他们也吸引了很多的用户，但因为前期准备不足，在打折当天由于人数太多，服务器出现问题，很多用户无法下单。再加上京东、当当等的围剿，那一次，苏宁易购并没有取得预期的效果。

不过，张近东的反应是非常迅速的，经过这一事件之后，他又及时进行了反思和调整，增强了服务器的负荷能力，在其他方面也学习了一些先进的经验。这之后，苏宁易购取得了很大的进步，有了比之前更快的成长。

一个企业，想要成功，不仅需要有很高的效率，有严格的制度，还要有很强的灵活性。张近东领导的苏宁是有灵活性的，所以他们能够迅速应对市场。而这份灵活性，自然来自不断地反思和对比，反思昨天的自己，对比今天的市场和竞争对手。这些，都是管理者们必须要面对，也必须要掌握的。如果没有这个能力，那么再强大的团队，也不过是一艘慢慢行驶的轮船，一旦遭遇变故，没有及时掉头的能力，就会有危险。

所谓居安思危，常回头看看昨天的自己是非常有必要的。看看自己那时的经营方式，看看那时跟市场的契合度，然后找出不合适的，及时做出调整，自然会让企业更好发展。

赚钱的最好境界，不是"争"，而是"让"

如果想要运作资金，想要懂得如何让别人支持你，让钱到你的公司创造效益，就得懂人心。而谋人钱财的难度大，从别人口袋掏钱忒难。怎样打动对方呢？要研究人心，要知道人情世故，例如怎么给面子，怎么让人放心，怎么让别人相信你是好人。有时很怪，你去借钱，说自己没钱，别人不借你；你说有钱别人反而借给你。而且你不能说需要别人的钱帮你成功，你必须说这是帮他做事情，他才会把钱给你。在不同的民族、社会、文化背景下，钱必须按照当地的伦理、风俗、习惯、人际关系运作，取得别人的信任，这样才能让钱走到你这边。挣钱的最高境界，不是争，而是让。赚钱的过程中，人的本能都是争，讨价还价，杀价抬价。假定我一次能挣10块钱，我跟对方讨论半年才把这事谈下来，从人心上讲他就会很烦我，觉得我矫情。但如果我突然说算了，就挣一块钱吧，他会认为我傻，心想这家伙该挣的钱不挣，脑子一定进水了。所以，让不是送，送就不是买卖人了。我应该在7块、9块之间选择一个点，9块谈一个月，7块谈两天，无非在中间找个缝儿；若是谈到8块就尽快成交，占了一块钱便宜，对方还很有面子，觉得占了便宜，不好意思，下回还来找我做生意，给我机会。看起来我是少挣了两块钱，但只用一两个星期的时间，甚至半年下来也许有十几次机会，赚的绝对比 10 块钱多。人家觉得能占你便宜，觉得你做生意爽快，在你这儿有面子，就会老来找你。

——冯仑《野蛮生长》

冯仑曾有一次卖一个公司的股权给别人，对方是一个私企的老板，那单生意也很大，有好几个亿。

冯仑跟那个老板是朋友关系，认识很多年了。中国自古就有重情轻利的传统，人们评价一个人的时候，也常常将重友谊和轻利益当作是对一个人的夸奖。但是，友谊和利益却又是常常会发生冲突的。而冯仑这时面对的就是这样一个问题。

如果单纯地讲友谊，给对方一个很低的价格，这样自己的名声好了，可是利益损失了。重要的是，这利益不仅是冯仑一个人的，而是整个公司的，这样，就会出问题。可是，如果锱铢必较，那么不仅可能会失去一个朋友，还容易连带这个朋友带来的商业合作都丢失。

最后，冯仑想了一个办法。他跟朋友说："我们已经是这么多年的交情了，如今坐在这个桌子前谈钱、砍价，实在是有些不能适应。不如这样，让你我各自的下属去谈，然后给我们一个结果，到时候就按照这个结果来，你看如何？"最后朋友接受了冯仑的建议。

由此可以看出，冯仑是一个聪明的人，但同时也是一个大方的人。我们虽然有着重情轻利的传统，但也有另一种说法，那就是亲兄弟明算账。之所以有这样一句话，是因为很多时候，如果账目不清，那么就容易彼此产生嫌隙，那样反而不美。而能够做到在自己不知情的情况下依然接受结果的，就必然是一个豁达的，对金钱有着正确的态度的人了。

冯仑就是这样的一个人。

冯仑确实是有正确的金钱态度。他是一个企业家，懂得谋利，但并不贪利。万通地产最开始的时候，是冯仑牵头要成立的，可是成立后，他却接受了大家均摊股份的决定。这是一份对金钱的豁达。

在万通最初的几个合伙人分开的时候，冯仑也是没有计较太多，而是将万通的股份都留下了，自己守着兄弟们曾经的战果。这又是一份对金钱的豁达。

古人说，汝果欲学诗，功夫在诗外。其实赚钱也一样，想要真正赚到大钱，首先就要有一个豁达的金钱观。有了这样的一个金钱观，才能看到钱背后的东西，而这部分，正是赚钱的关键。

长远发展比短期暴利更重要

自有资本金来源于高利贷，会造成暴利倾向，加上男人的冒险心理驱使、环境的不确定，造成赌得赢的概率不大，所以越赌越大。这就是民营企业为什么冒险性大的原因所在。顺着这个逻辑走到极端的是德隆。我们和很多企业没赌死，就是因为中间认输，退出不赌了。1997年公司反省，充分意识到"原罪"问题以后就开始着手整合资产。当时控制的资产规模是70亿，但我们认输了，开始卖东西还钱，剩多少是多少；把所有和北京没关系的、跟房地产没关系的项目都砍掉，合伙人之间的变化也是"缩"的一部分，最后资产缩到16亿，终于让疯狂奔跑的列车停了下来。

——冯仑《野蛮生长》

万通公司是由几个理想青年创建的，当时由于几个人都很年轻，没有多少个人积蓄，因此创业最开始的时候，启动资金有很大一部分都是借来的。在这之后，万通也始终没有摆脱这点。他们在不断发展的过程中，借贷了很多的钱。这些钱让万通有了流通的资本可以进入更多的行业。但是其产生的利息也是不容小觑的，为了能够及时还上借贷以及借贷产生的利息，有一段时间，万通开始追逐暴利。

不过，很快冯仑等几个万通创始人就觉得这样下去不是办法，很可能会因为追逐暴利和冒险精神让企业陷入危机。于是他们开了一次很重要的反省会，发现了之前的很多错误。

发现错误是好的，但是如果没有整改的决心，一样无法让企业回归正路。而对于当时的万通，整改的最好方式，就是压缩规模。不管是一个人还是一个企业，由小壮大都是大家喜欢看到的，而由大到小自然是很多人所不能接受的。一个人可以很轻松地接受成功，但却很难坦然面对失败。企业也一样，逐年扩大规模让人欣喜，但要收缩却是让人难受的。不过冯仑等人的过人之处就在于此。他们不仅能够面对成功，还可以坦然接受失败。在公司不断扩大的时候，他们欣喜，但要面临收缩规模，他们也并不灰心丧气。

正是有了这份气度，不去刻意追求大和暴利，才让万通停止了不良的发展，最终走回正路。

当时，万通的业务几乎遍布全国，其中很多都是靠借贷来的资金上马的。如果要收缩规模，那么他们就必须要放弃一些将要上马的项目，并停止一些已经上马的项目。这是一个割肉的过程。一个项目，买来的时候要花费成本，在进行过程中，要投入资金，但是如果要将之卖掉，怕就没那么值钱了，甚至连整体的投入都收不回来。因此，他们做的，其实就是一个放弃利益的过程。

好在冯仑他们完成得很好，他们砍掉了不在北京的项目，很多都是低价卖给别人的，过程中赔了很多钱。但他们知道，这是活下去，至少是很好地活下去所必须面对的。用冯仑自己的话说就是，很多民营企业在初始的发展中都类似在赌博，用借来的钱，赌在项目上，如果所有的项目都赢利了，那么就算是赢了；如果有很多不赢利，那就会造成大批资金坏死，就输了。很多人在参与到赌博当中之后，都不肯认输，因此当出现坏死资金后，他们采取的方式是去赌更大的，借贷来更多的资金，投入到更大的、更暴利的项目当中去。

这样的做法，可能会因为下一个大的项目赢利了，而填补之前的亏空，但赌博无胜者，不管一个人有多大的能力，总有输的时候，而那时，公司也就面临倒闭和破产了。冯仑他们的过人之处就在于，及时停止了疯狂，认输退下赌桌。结果他们得到了最好的回报，虽然输了一次赌博，但却赢来了公司的新生。

如果没有当时的认输，怕万通也不会走到今天。这就是冯仑他们的智慧，懂得舍，明白贪婪求大最终得到的只能是小。

在房地产行业，龙头大哥是万科。万科是一个相对稳健的公司，自从建立以来，很少走错路，之所以能够如此，就是因为他们的董事长，即王石，懂得控制风险，从来不去追逐大的暴利。

万科在投资方面其实可以选择的方向很多，在一次采访中，王石曾经说过，他们在很多方面都可以赚钱，像曾经做过的零售、机电等行业，他们都有不俗的表现。但最终他们还是选择了房地产。原因有两点，一是房地产行业还没有形成某一两家大公司垄断的形式，因此进入后有更多的发展空间。二是房地产行业空间比较大，能够给人更大的作为空间。

不过，在外人看来，万科之所以这样做，还跟王石的个人风格有关。王石是一个企业家，但却并不追逐暴利，甚至有时候将利益看得很淡。他最在意的，或者说他的个人风格，更趋向于稳健。王石知道，摊子铺得够大，业务面更广，可以让自己的公司赚更多的钱，但同时也要面临更多的风险。至少在管理上，就有一个很大的问题，如果单单做房地产行业，那么只需要网罗这一领域的人才就可以了，但如果跨行业了，那么就需要了解各个领域的状况，招徕各个领域的人才。这些领域当中，总有很赚钱，但自己却并不了解或不擅长的，那时候就容易出现问题，让公司陷入危机了。对王石来说，公司的长期发展，比短期盈利更重要。面对暴利的诱惑，他总是能够做出正确的选择。

不仅在投资方面如此，在具体的公司项目运作上，王石也是不追逐暴利的。90年代初期的时候，房地产行业风头正劲，属于暴利行业，各家公司都追逐暴利，然而就是在这样的大环境下，王石竟然给自己制定了一条规则，那就是盈利超过25%的项目，不做。

很多人无法理解王石的这点，认为他的做法不符合企业家追逐最大利益的特性。不过王石却有自己的看法，他觉得，利益会让人昏了头脑，如果一味追逐暴利，那么总有一天会出现赌的心态，那是经营企业的大敌。

事实证明，王石的做法确实是有效的。自90年代以来，很多当年叱咤风云，曾经暴利的房产公司都倒闭了，但王石的万科还在，而且做到了行业龙头的地位。

万科有今天，不仅在于把握了市场，更在于他们把握住了自己。贪婪求大是很多人都会犯的错误，面对利益，我们也总是很难拒绝，但是要知道，天上不会掉馅饼，靠赌的心态或许能够赚到钱，但却并不能持久。一个企业，最重要的是稳健，一步步往前走总有攀上高峰的时候，如果一味求快，追逐暴利，虽然现在赚了，但哪怕一次失败，也会让自己陷入困境。

不管是做人还是做企业，最重要的是知足，是头脑清醒，如果懂得知足，也就能更好地控制风险。如果企业领导头脑清醒，那么就不会出现赌徒心态，从而避免让企业陷入疯狂。

不把创始人当神，创始人也别以神自居

公司如果是相对集权的体制，就是决策成本低，一个人说了算（所谓拍板块），必然造成执行成本高；因为你一下拍板了，底下人都没理解，大家也没有参与讨论，执行的时候就经常会阳奉阴违。结果纠错成本也高，因为谁也不敢对大哥说不，看着车毁人亡，大家除了表示同情、悼念，毫无办法。

从公司治理来说，一定要避免把创办者、大股东变成集权制度下的神，避免放纵他想怎么干就怎么干，大家执行的时候东倒西歪，最后自尝苦果的悲剧。我们应该建立一种好的治理结构，将决策的成本适当提高，拖的时间可能会长一点，但所有的决策都能控制在 60 ～ 80 分，执行有效，即使有毛病，在此过程中也会被大家提出来。小错不断，大错不犯，系统有效，积小胜为大胜。总之，如果制度选人和系统有效结合起来，公司就会比单一的人选人制度更能降低风险、更可持续。

——冯仑《别把创始人变成集权制度下的神》

在有些管理者看来，公司的制度就是用来约束员工的，对于制度的制定者，往往就不太在意了。即使做些违反公司规定的事情，也不太当回事。

尤其是那些公司的创立者，更是如此，很少会遵守公司的制度。不仅管理者们有这个思维，普通员工也是。大多数普通员工也觉得，像迟到、早退等等这些无关紧要的规定，不应该用来约束管理者，特别是公司的创始人。

这样的想法，也不能说完全错误，不过却容易产生一个不好的导向。即，容易产生公司的创始人个人独揽大权的现象。因为这种差别，本身就预示着管理者跟普通员工在权益上是有差别的，这种差别意识日积月累，长久持续，自然就在人们的内心中产生了等级差别意识。这时候，人们就会用崇拜或畏惧的眼光来看管理者了。

以上，是冯仑对公司制度的看法。在冯仑看来，一家公司如果形成了领导集权制，那么必然会出现问题。首先是决策成本低，执行成本高，再就是决策不经过论证，也容易出问题。这些，都是容易将一家公司引向歧途的因素。

更重要的是，一家完全由第一领导决策的公司，还可能会引起示范效应。最后变成公司的方向由创始人一人决定，他分配给具体部门的任务，则是那个部门的领导一个人说了算。这样，这家公司就成了只有那几个有限的领导在思考了，是靠他们几个的头脑支撑的。这是不牢靠的。一家成功的公司，必然是每个员工都是公司的建设者，都在思考公司前进的方向。

冯仑是非常重视董事会的建设的，不仅读了很多书，也写过很多文章。他一直在谈如何建立一个好的董事会制度。通过冯仑的文章，我们可以看出，其实他想要做的，就是建立一个良好的董事会制度，避免一家独大的情况出现。而冯仑公司的董事会也确实是这样的，经常会产生分歧。

很多人觉得，开会的时候，没有任何分歧和波浪才是好的，说明有效率。其实不是，没有分歧，说明做决策的只是一个人，这个人如果足够聪明还好，脑子稍微一糊涂，便会让公司产生损失。而且就算是极度聪明的人，也难免会犯错，一样会让公司受损失。而有分歧的会议，并不是说明公司内部不团结，而是彼此都可以自由发表自己的意见，消除分歧的过程，其实就是统一认识的过程。在这个过程中，每个人都将自己的看法表述出来，最后大家一起决策，找到一个最好的，自然就不会出现决策方向上的偏差了。

不管是什么时候，众人的力量总是比一个人大的。即使再聪明的管理者，也有自己的短板，而一种众人皆可参与讨论的环境，本身就能对最高管理者起到激发灵感和提供思路的作用。这对一家公司的发展是非常重要的。

最坏的讲课方式是一言堂，最坏的公司制度是最高领导一个人说了算。如今是一个多变的时代，讲究的是分工合作。一个人，哪怕是一家企业的创建者，哪怕拥有再高的智慧，也不可能在每一方面都是高手。如果让他自己一个人决定所有，肯定要出问题。而且，管理的最高境界，本身也不是事必躬亲，而是通过制度，让别人解决好所有的事情。

因此，不要把创始人变成集权制度下的神，创始人本身也不要觉得自己应该大权独揽。只有这样，这家公司才能持续发展。

公司的领导者虽然掌握着公司的最高权力，但是要时刻用一颗平常心看待自己，不能搞个人崇拜。马云是一个贩卖理想的人，一直在给别人传递一种价值观，很多人看待马云，都是用宗教式的眼光，将他当作自己的偶像，觉得他是神一样的存在。在公司内部也是如此，确实有很多人是因为崇拜马云才想要进入阿里巴巴的。

不过，马云自己却很清醒，他虽然给自己的员工，给自己的用户贩卖理想，但却从不神话自己。马云是一个坦诚的人，他从来不避讳自己曾经的失败，这是一个神话自己的人所做不到的。而且，在内部决策的时候，马云也从不采取一言堂、一个人说了算的方式。可以说，马云是一个最适合在公司内部当神的企业创始人，但他却没有选择这么做。

不仅如此，马云还一直极力想要避免这种情况。马云是有一种担忧的，害怕自己被神话，害怕员工们崇拜自己，把自己的话当成信条。他觉得，如果出现这种情况，那么阿里巴巴很可能会陷入困境。因为自己再厉害，也无法永远走在时代的前头，无法看清市场上的一切。这些是需要团体阿里人共同努力的。

有了这种想法之后，马云开始不断放权，让更多的人参与到公司的决策当中。2013 年 5 月份的时候，马云宣布自己要"退休"了，让别人来领导阿里巴巴继续向前，而自己只做一个幕后的参谋。这些，都是避免公司集权，避免公司最高领导人一人决策的方式。

每个人都愿意当英雄，可是有些人因为事业不够成功，因此不会萌生英雄心，觉得自己没有那个能力，只是会偶尔幻想自己成了一个英雄。可是，那些事业有成者，往往就不同了，他们比别人更优秀，有更好的事业，因此很容易生出自大的情结来，觉得自己就是一个英雄。有了这样的情结之后，便会想要决定一切，因此在管理公司的时候，什么权责都揽到自己身上，也就不难理解了。这就是很多企业创始人始终不放权的原因，不是因为对别人不信任，而是特别享受那种决定一切的感觉，觉得自己是高高在上的。

人有这种感觉可以理解，但要清楚，这样的做法，不仅不能让一个人更接近英雄，反而会因为不受约束，而做出一些不合适的事情来，最终导致事业的失败。

人，需要看清自己也看清别人。这里的看清是看到自己的弱点，看到别人的优点。只有将别人的优点放到最大，将自己的弱点尽量补足，才能有更大的事业。而做到这点，自然就靠公司内部群策群力，每个人都为公司出主意。

不要把公司创始人变成集权制度下的神，那是一家公司走向没落的开始。

专业化做事是企业的核心竞争力

第一，心里对未来有数。比如信佛的人都很淡定，因为他们有信仰，对未来思路清晰。万通早在三四年前，就提出了美国模式、凯德模式，并且付诸实施。正是这么多年我们坚持战略领先，站在未来安排今天，才能领先一步，从容淡定。

淡定的第二个要素是手艺好，做管理手艺要细致、简单、专注。今天我们万通很少讲买了多少地，开工面积多少，而是正在往服务业转型。往服务业引导就需要手艺好，专业强。就算是足疗业也有专业标准，比如捏脚穴位准，手法力度拿捏得当，让人舒服；再比如餐饮业的专业体现在做菜色香味俱全，卫生环境达到什么级别，餐厅是否有特色。房地产行业也要强调专业性，比如工业地产，我们现在物业设施和管理方法都强调专业性，都在全国的行业里逐渐接近于最领先水平。目前整个万通已经进入到快速增长的起跑线上。

——冯仑《前面的前面还是前面》

冯仑是一个极聪明的人，他在做人上，秉持的是博学原则。他不仅受过高等教育，而且阅读广泛，不管是哪个学科的知识，都了解一些。正是这份博学，让他成为一个有个性的儒商，不仅有丰富的管理经验，而且有深厚的理论基础。但在做事，尤其是做企业上，冯仑秉持的却又是另一原则，即专业化。

其实，在最开始创业的时候，冯仑也并不是紧盯一门的，当时的万通扩张迅速，摊子铺得很大。不过在遭遇挫折之后，冯仑便改变了做法，开始尽最大的努力去追求专业化了。

万通改制之后，成了冯仑一个人的企业。这之后，他一直秉承着专业的原则，哪怕是从事其他的事情，也从未放弃这一追求。

1999 年的时候，冯仑和王石、胡葆森等房产企业大佬联合发起并成立了中国首家房地产策略联盟机构，也就是中城房网，提倡"新住宅运动"。同年，冯仑推出"新新家园"品牌，这是我国第一个实施注册的高档住宅品牌，在房地产领域有很重要的意义，可以说，它开创了地产品牌建设的"第三条道路"。

2002 年的时候，冯仑当选为中城房网第二任轮值主席。成立"联盟投资公司"，进行成员共同开发"联盟新城"的尝试。

2003 年，冯仑策划并积极推动大型电视专题片《居住改变中国》的拍摄，传播中国新兴地产文化理念。

……

冯仑的这些行为，表面看是跟万通公司本身无关的，但其实关联很大。我们可以看到，不管是成立中城房网，还是策划大型的专题片，看似冯仑参与的领域变化了，但其实都是跟房地产相关的。他始终没有离开自己的本业，不过是用多种渠道来发展房地产而已。这些渠道是表，房地产是本。这就是专业化。专业化并不是持续做一件相同的事情，而是掌握自己从事的领域的精髓，之后通过不同渠道将之显现出来。冯仑正是抓住了这点，所以才让自己的事业风生水起。而且，他的这些做法，也确实起到了宣传房地产行业的作用。可以说，正是因为对本行业的深刻理解，才能让冯仑做到这些。这就是专业的体现。

一个人的精力是有限的，想要做的事情却是无限的。我们总想变成一个全才，在哪一个方面都做到优秀，但现实中，这往往只是一厢情愿。如果想要成功，就得将自己的所有经历，将公司的所有发展方向都集中到一点，将之吃透。等彻底通透了之后，成功自然就来了。

做人要做一个博学的人，但做事却一定要专业。一家真正成功的公司，不在于跨越了多少领域，而在于在自己的领域中走了多深、多远。

万科是如今中国房产业的龙头企业，他们有如此的成绩，不仅在于选择了稳健发展的道路，还在于选择了专业发展的道路。

万科最初是做贸易的，不过后来经过了一番考察觉得房地产行业更有发展，于是便开始转向做房地产了。不过跟其他企业的求大求广不同，万科几乎是彻底的转型，转向房地产之后，便以此为主，不再兼顾其他。这种做法，就是追求专业化的做法。

在最开始做房地产的时候，万科也存在很多问题。第一是业务范围铺得过广，在那一阶段，万科在北海、营口、乌鲁木齐等地都有项目，而对于地域的选择，他们是没有一个清晰的规划的，不过是哪里有熟人介绍，哪里有朋友就去哪里做。而且，在方向选择上，也没有一个系统的章法。房地产业是一个庞大的行业，业内划分也是很细致的。比如有写字楼方向、住宅小区方向、工厂厂房方向等。这些虽然都是房地产业内的，但面对的客户以及需要的理念却有很大的差别。而且，房产行业本身还有建房子的、卖房子的和转租房子的等划分，彼此差异也是不小的。最开始的时候，万科并没有细分这些，而是碰到哪个就做哪个。结果效果并不好。

这时候的万科，也是想走专业化的道路，但因为刚转型不久，经验不够，因此只是做到了大方向的专业化，并没有细致的专业化。即他们只是做到了专业做房产，但没有做到专业地去做房产中的某一块。

经过了一系列的探索，特别是很多项目忙活了一阵并没有赚钱之后，在王石的带领下，万科开始调整策略了，他们要做精细的专业化。

这个转变发生在1998年，从那之后，万科放弃了住宅小区之外的项目，开始把整个公司的方向放在了住宅小区的开发上。同时，在业务地域选择上也做了细密的筹划，将公司的重点放在了长江三角洲、珠江三角洲和京津等比较发达的地域。

经过了这一调整后，万科正式走入了正轨，大约六七年之后，万科便成了全国最大的住宅小区开发房产公司。到2004年的时候，万科再次发力，实现了精细化和产业化。这些努力，终于让万科站在了行业之巅，成了中国房产行业的龙头企业。

可以说，万科的发展成长史，就是一个从广到专的转变史。

一个企业，不管制度多么完善，资金多么雄厚，也无法做到面面俱到，如果将摊子铺得太大，自然会出现许多短板，那短板就是这个公司的弱点，积累得久了，自然出现问题。一个真正有实力的公司，不在于有多少万的员工，有多少亿的资产，而在于他们足够专业，在领域内做出了创造性的尝试，有独特的傲人成就。它必须是行业内不可或缺的。

一家公司哪怕再大，如果做不到专业，无法成为行业内不可或缺的一员，一样会很容易被人替代。专业并不只是一个努力方向，更是一个公司的核心竞争力。有了它，自然有了一切。

清醒做事，
敢于承认失败

第八章

折腾的过程就是成长的过程。只有经历得足够多，才能积累更加丰富的经验。

守正出奇，保持头脑清醒

其实，解决危机的唯一秘密就是牺牲。每次危机都有利益权衡，不敢牺牲就没有胜利。中年男人要保持这种牺牲精神，坚持理想是唯一的心理支撑。非常感谢 2005 年去世的王鲁光，他告诉我要"守正出奇"，现在我办公室墙上还挂着这几个字。在最难熬的日子里，这四个字提醒我不要老想着弄热闹事，要控制住基本面。古法说"奇正之术交相为用"，一个人老是出奇，奇多了就成了邪，要以正合以奇胜。我以这样的心境看老庄，不看表面强悍的书（如《四书》《五经》），看终极强悍的书（如《老子》《庄子》）。老庄其实是很强悍的，比如欲擒故纵、为而不有。儒家大都是注重形式，没有老庄强悍。

——冯仑《野蛮生长》

20 世纪 90 年代初，是房地产业的发展期，也是这个行业的疯狂期，那时候人们疯狂逐利，拼了命地想把自己的事业做大，因此采取了很多自杀式的经营方式。比如很多企业就是大范围的扩张，借钱去做生意。结果往往就是规模大了，表面盈利多了，但同时负债也更多了。冯仑一伙人建立的万通地产也经历过这一阶段，不过他们最终停止了疯狂，止住了发展，

冯仑内部讲话 最新版

重新回归了理性。想要做到这点，就是要有一种牺牲精神的，因为牺牲的背后，就是对利益的淡漠和不在意。这不仅是一种态度，更是一种精神。它可以让人保持头脑的清醒。

有了这份清醒，自然就能将自己的事业做得更大，如果没有这份清醒，而是错判形势，那么，即使企业不走向毁灭，也要遭遇重创。冯仑有这份清醒就在于他的信条，即牺牲精神，守正出奇。

他守的正，说白了就是一种状态，让企业循序渐进，可以良好运行的状态。有了这个基础之后，碰到机遇，他就可以第一时间抓住，因为他的根基打得牢靠。而遭遇变故的时候，他也能有更多的回旋余地，因为他的良好根基，为自己赢得了更多的周转空间。这一切，都源于清醒的头脑和爱思考的心。

做企业，其实跟做人没有太大的差别，一个人，如果懂得牺牲、奉献，那么他也就有了一种舍的心态。这种心态可以让他在巨大的诱惑面前保持清醒，而清醒正是一个人成就自我的基石。企业也一样，一个企业家，如果有牺牲和奉献的精神，那么面对机会的时候，就能够保证不疯狂，他不仅能够看到其中的利益，更是能够看到其中的风险。这份风险的意识，就是保障企业良性发展的最好的基石。

人，尤其是一个管理者，在春风得意的时候一定要保持头脑清醒，在遭遇挫折的时候，一定要保持坚强的斗志。得意时清醒，可以避免因自大而做出错误的决定；失意时坚强，可以保证自己还有重新再来的机会。保持头脑清醒，自然就有正确的决断。那些自大以至于冲昏头脑的人，注定会遭遇失败。

这样，作为一个企业家或者一个成功者，就要更加小心谨慎，仔细决断。在这一点上，著名的女富豪张茵就做得很好。张茵是玖龙纸业的领头羊，近年取得了非常辉煌的成就。不过，她的公司虽然做得很大，却并没有产生一种自大的意识。

在 2013 年初的一次访谈中，谈起企业未来的发展，张茵曾经说，自己只想要企业良性发展，并不想追求全球最大。在一般人眼里，这或许是一种没有大志向的想法，但只有真正的企业家明白，这才是经营企业的最好方式。不给自己设定目标，只是默默引领企业前进，只有这样的做法，才能让企业一步步成长，最终成为业内的标杆。如果一味去追求宏大的目标，那么难免会陷入过度追求暴利和盲目扩张的怪圈，也便无端地给企业带来了很多危险。

懂得投资时间，不做时间的奴隶

时间这个东西特别有趣，它既是生产资料，也是消费资料，它既是资本品（投资品），也是消费品。比如说我们到欧洲去，看到欧洲人很悠闲，一瓶啤酒就能坐在那儿泡一下午，对这些人来说，时间就是消费品。人家已经活到那份儿上了，生活质量高到可以消费时间了。同样，在海滩上晒太阳，那也是消费时间。但对我们来说，每天加班加点，那时间就是资本品，相当于是一种资本，我们是要靠这个时间去换取金钱的。在这个过程中消耗时间就是生产。所以，在人类有限的一生当中，有一个互相排挤的效应，也就是说，你用来生产的时间，它是挤对你的消费时间的。就比如我们通常说，一个警察天天抓坏人，不能回家，小孩儿上学也没人管，这就属于大量的时间用于生存和工作，因此不能大量享受和消费你自己的时间。所以在时间的投资上，你可能得到的回报是金钱，但也可能就是时间本身。当温饱不成问题的时候，时间本身就变成了特殊的消费品，甚至是奢侈品。

如果我们在有效的时间内，尽可能专业地去做好一件事情，用持久、专注的办法来对待，我们可能会得到很多金钱。同时我们又能省出很多时间来，而省下的那些时间，就相当于投资的回报。我们可以拿出来消费，比如可以去度假，可以去画画，去满足个人的其他兴趣。在人的一生当中，时间作为消费品和作为资本品是互相挤对的。你有这个就没那个，有那个就没这个。因为人一生的时间就这么多，而且对每一段时间内享受的层次要求和品质是不一样的。时间转瞬即逝，过去了就回不来了。比如孩童时的那种欢乐，待你到50岁的时候，就再也找不到了，你那时候会享受，但同样给你一小时，能找到同样的童年快乐吗？绝对不可能啊！

在时间方面，要特别细分出你自己作为投资品的时间和作为消费品的时间，然后，用做事情的专业化、精细化，提高你在生意上金钱的回报。同时，提高生产效率，腾出更多的时间去满足你消费时间的欲望，这样你就能够很好地支配时间，享受生活。我们身边有很多老板，在这方面都做得不够好。但是你看王石，他现在就是在消费大量的时间，时间对他来说，就成为越来越多的消费品，因为他前面的事情都做对了，这个时候就可以消费时间。如果没有做对呢？那你可能还在为了一笔贷款、为了一个是非、为了一个公司的法律纠纷拼命奔忙。一个企业领导人，如果一生都把时间作为资本品的话，那就变成了资本的奴隶，就变成了事情的奴隶。

——冯仑《野蛮生长》

企业家对待时间的态度，不仅决定着企业的大小，还决定企业家本身的生活状态。正像冯仑提出的，一个懂得经营时间的人，会将投资时间和消费时间严格分开，并规划得当。做到了这般，才能既有事业上的成功，又有大把的时间供自己挥洒。而想要获得这种状态，首先要明白如何投资时间。在这方面，冯仑有着很深的体会，他还做过总结。

在冯仑看来，首先是选择要慎重，选定了就不要放弃。时间是单向性的，一去便不复返。我们可以今天依然去昨天去过的地方，但却无法回到昨天的时间点。因此，一个懂得珍惜时间、看重时间的人，在选择上一定是慎重的，因为他知道，自己不会再有第二次机会。而一旦选择之后，他便会坚持到最后，因为如果自己坚持住了，那么曾经花费时间的选择就有意义，如果没有坚持住，那么曾经花费的时间就完全没意义了，就等于是在浪费时间了。

第二点便是看懂时间的价值，也就是要投入持续的时间。很多事情，是时间越久，可能获得的价值就越大的。在这方面，冯仑曾经讲过一个故事，他说在万科发行股票的时候，有一个香港人曾买了300万的股票，买的是法人股。后来他忙着去做别的生意，结果就忘了这件事，等到用钱的时候想起来了，可是发现还需要转换成流通股，而且当时不太好卖，就又是没动。就这样，一直搁置了17年，等到17年后再去看那300万的股票，已经变成20个亿了。比他这十多年来做的其他生意赚的钱加到一起还要多。这就是时间的价值，整个过程中，他投入的只有本金和时间，没有任何的精力，但却赚到钱了。如果你从事的是一个类似时间越久就越有利益的行业，那么就要注意了。持续地投入时间是最好的办法。

第三个就是认清本质了。所谓的认清本质就是说，大多数时候来说，持续地投入时间都是可以获取一定成绩的，但是，却有大有小。在这方面，冯仑自己的事例可以给人很深的启示。冯仑在1992年的时候曾经买过两块地，一块在北京的怀柔，另一块在海南的三亚。买两块地的时间相差不到半年。2006年的时候，冯仑卖掉了三亚的那块地，这时候突然想起在北京那块差不多同时买的地来。结果两相一对比，发现北京的那块地已经升值了 20 倍，但三亚的只升值了 3 倍。由这件事，冯仑得出了一个道理来，两件事，需要投入同样的时间的条件下，一定要选择那个可能回报最大的。也就是，要懂得重视时间，但更要明白如何选择花费时间。是将之花费在潜力大的事情上面，还是花费在潜力小的事情上面。

一个企业家，就要像冯仑这样，对时间有一个清晰的认识。知道时间的特性，也懂得时间能给企业带来什么，更重要的是，知道如何去使用时间。只有将时间使用得当了，那么就可以像冯仑演讲中说的那样，有更多的时间去享受。

提起中国最潇洒的企业家，怕是非王石莫属了，他领导手下创造了强大的万科帝国，在事业上是极成功的，但同时，他又不像其他的企业家那样，整天忙得团团转，而是有大把的时间供自己支配，甚至还跟随登山队爬上了珠峰。

之所以能够做到这般潇洒，跟王石的时间观念是分不开的。王石是一个自制力很强的人，他只要制定计划，说在某个时间点要做什么事，就一定会那么做。可见他对时间的重视。而且，他不仅重视时间也会利用时间。

王石真正做到了如冯仑所说，将投资时间和消费时间经营规划得很好。企业家的投资时间，自然就是企业创立的初期，这时候如果让时间的最大价值显现出来，那么，以后必然有大把时间用来消费。王石的做法正是如此。在同期成立的房地产企业依然用江湖式的方式经营的时候，王石已经开始琢磨现代的管理模式了，当其他企业还在大规模扩张，想要各个领域都参与一把的时候，王石已经开始进行专业化构建了。因此，当其他人明白现代企业的真正精髓，想要转变的时候，王石早已经完成了这些工作。因此，他才会有那么多的时间供自己自由支配。

　　一个成功的企业家就是在前期将投资的事情都做好，等事业成功后可以自由支配时间的企业家。如果从创业开始到企业成功始终都在不停忙碌着，那么这个企业家一定是没有正确认识时间，也没有完全绝对地合理支配时间。

越困难的时候，越要折腾

记者：您是成功的企业家，同时是一个思想者，并且在学术领域也具备高水准，还是一个行者，穿越过战争期间的阿富汗，您的人生为什么可以如此丰富和精彩？

冯仑：谁都可以，只要你想。你能跳多高，你自己不知道，所以你得不停地去试跳，不断地给自己一个高度，然后去折腾。你去尝试，这是一个不断改变自己和创造未来的过程。很多人没有跳起来的原因不是杆太高，而是你从来没试过。我觉得要创业，最重要的是大家都跳起来试试。而且，越是困难的时候，越是要跳。

——冯仑对话大河财富论坛

作为一个管理者、企业家，不仅要有强大的能力，还要有一份激情。他不光要做到坚韧、从容，还要有魄力，在遇到困难的时候，不仅不能被打倒，更是要懂得折腾，要从无路的环境中找到出路来。总之要爱折腾，因为对一个人来说，折腾的过程就是成长的过程。只有经历得足够多，才能积累更加丰富的经验。

冯仑就是一个爱折腾的人。他本来是一名政府的公职人员，稳定、待遇好，也有一定的社会地位。但他并不满足于此，觉得太过平淡和单调了。于是他下海创业，招来了一帮朋友，共同成立公司，开始了商业之旅。

做生意的时候，冯仑也是能折腾的，万通刚开展业务的时候，很顺利，扩张很快。但接着几个人便发现了问题，欠债过多，于是开始变卖资产还债，然后兄弟们和平分手，冯仑自己接掌万通。这中间的一系列过程，也是折腾的过程。如果没有一颗爱折腾的心，那么万通的初期不会经历那么大的波折。按照一般人的想法，沿着一条路走到黑，或者看到光明或者坠入深渊，然后结束就可以了。

接掌了万通之后，冯仑也没有闲着，他在继续做房地产，不过却改变了之前的方向。这也是折腾，不过这次折腾却是完全成功的，让万通进入了稳定的发展期。事业稳定了，但冯仑并没有稳当，他还抽空考取了一个博士的学位。在一般人眼里，冯仑的这种做法是完全没有必要的，不过是瞎折腾罢了。他已经是大公司的董事长了，不缺钱，也不缺名，何苦又走进校园受那些煎熬呢？

可冯仑不这么认为，他觉得自己考学位跟之前的下海，不断调整公司方向一样，是有益的，且从某种角度讲是必需的。在别人眼里看来，冯仑是没事找事，但在他的眼里，这是在充实自己，想让自己获得更高的成就。

获取了学位之后，冯仑又开始做别的事情了，他开始组织商会，举办各种论坛等，俨然又成了一个社会活动家，而且还经常做慈善，折腾得风生水起。

冯仑做这些，都是有目的的，也是有益的。下海是为了实现自己的人生价值，不断调整公司的经营方向，是为了公司更好地发展；读书是为了充实和提高自己，让自己有更高的眼界；组织商会是为了结交更多的商业伙伴，同时也从其他企业家那里获得信息和经验；而做慈善则是为了承担属于自己的责任，回报社会。冯仑做的这些，是折腾，但不是瞎折腾。他每折腾一次，都能让自己获得提高，让事业越来越好，这是一种智慧，而不是没事找事。

其实，人生就是一个不断折腾的过程，在不断折腾中，人越来越成熟了，事业越来越成功了。一个成功的企业也是需要不断折腾的，通过折腾可以发现缺点，然后改正，也能看到自己的优点，之后发扬。企业家的激情，就是不断折腾，然后在折腾中展示自己，发现自己，成就自己。

只有翻滚的沸水才能煮出浓香的咖啡，只有汹涌的波涛才能锻炼出出色的水手。一个管理者，想要做到最后，就要不停折腾。要做到可以坦然面对人生和环境的折腾，更要自己没事找事主动折腾。每一次折腾，都是发现机会的好时机，也是让事业成长的好契机。

提起折腾，恐怕很多人第一时间想到的就是凉茶品牌加多宝了。加多宝集团成立于1995年，并于同年推出红罐王老吉凉茶，推出之后不久，就获得了成功。其著名的广告语"怕上火，喝王老吉。"曾一度被广告业奉为经典，认为这是一个很成功的广告语。

然而，在加多宝集团的红罐"王老吉"卖得正火爆的时候，却出现了纷争。广药集团声明自己是"王老吉"品牌的商标持有者，要求加多宝集团立即停止使用"王老吉"作为产品的名字。加多宝不甘心自己经营多年的品牌就这样被人抢走，因此提起了诉讼，结果输了官司，不得不停止使用"王老吉"的商标。

这一纷争，对一个企业来说，无疑是致命性的打击。加多宝集团多年苦心经营出来的品牌，一夜间成了别人的，而他们却要重新再来。

但加多宝不但没有倒下，反而重新振作起来。他们先是高调跟广药集团打官司。法律认定是冰冷的，只看证据。在这一点上，加多宝集团显然没有优势，商标是别人先注册的，自己自然会输。但他们选择了另一条路，用打官司的方式制造话题点，然后博得人们的同情。消费者不会管谁是真正的商标持有人，他们只相信自己看到的，即这么多年来，都是加多宝集团在经营"王老吉"品牌，也是他们将这个品牌做大的，因此，在情感上自然倾向于加多宝集团。他们先赢了情感牌。

更重要的是，通过打官司制造舆论点，让所有人都知道了，现在的加多宝就是之前自己喝的王老吉。

之后便是大规模的广告轰炸了。尤其是冠名浙江卫视的《中国好声音》节目，让加多宝一时间再次崛起。加多宝集团仅仅用了大半年的时间，就让民众从对凉茶之争的狐疑到几乎全盘接受了加多宝这一品牌。这就是他们的过人之处，而这些靠的自然是他们的折腾。不停打官司，不住地冠名各种优质娱乐节目，不停地制造舆论话题。

一家公司，越是困难的时候，越要去折腾。如果遭遇困难之后，便不再作为，那么结果只有一个，死亡。可是折腾却不一样，或许存在让公司快速死亡的危险，但更多的时候，往往能靠折腾闯出一片新的天地来。

坦然承认失败，然后重新再来

征服外面的世界能带来快感，但也难免有遭遇失败的时候。我认为，失败了以后不承认失败那不够男人，只要你承认失败就是够男人的。我有一个特别深的体会，因为我周围很多人也絮叨一些挫折和失败，后来我发现面对失败时，男人有两种特点：懦弱的男人总是唉声叹气，然后就出局了；勇敢的男人承认失败，往往能从失败中走出来。所以我经常讲，承认失败是男人对自己的勇敢，你对别人勇敢是拿刀砍别人，真正的勇敢是拿刀砍自己。承认失败是真正的男人，你承认失败还有机会再赢，你不承认失败或失败以后不愿意面对这个事情，实际上你已经彻底出局了。

——冯仑博客

1993 年，海南有 18000 家房地产公司，基本上每一家都是赚钱的，有人调侃说，当时甚至已经到了房产企业老总见面打招呼时常会说"不好意思，又挣钱了"这种地步。可是任谁都知道，一个海南省是承载不了这么多房产公司的，这里面一定有泡沫在。事实确实如此，很快国家就进行了宏观调控，海南的房产泡沫破灭了。一时间，房产公司相继倒闭，到今天，18000 家到现在剩下不到 18 家。

在海南房地产业最火的时候，冯仑他们还是相对冷静的，没有像其他人一样疯狂拿地，不过在一个疯狂的环境中，想要保持绝对的冷静也是非常难的。那时候，万通也存在扩张过于迅速的问题。据冯仑说，那种日进斗金，总有新项目上马的感觉很是舒服，让人有一种统领全局的感觉，会让人飘飘然。

而且，那时候的万通，也确实是飘在天上的。他们的业务遍布全国。后来冯仑说，很多人都知道他们，也愿意跟他们合作。不管走到哪个城市，都会有人来接送自己，哪怕是去谈生意也不用带钱。到地方之后，自然会有人送钱来，而且一口一个大哥地叫自己。他们之所以对冯仑这样，就是觉得跟着他可以赚到钱。

不过海南的房产泡沫破灭之后，这一切就都变了。万通压缩了规模，变卖了很多的项目用于偿还先期的贷款，最后几个兄弟分开单干。虽然合伙人之间的友谊还在，但几个人的风光却不在了。

后来冯仑说，万通压缩之后，那种飘飘然的感觉就再也没有了。以前每到一个城市，都会有人车接车送，但现在只能是自己打车。以前到一个地方，就会有人请自己吃饭，一口一个大哥地称呼自己。可现在即使想请人家吃饭，叫人家大哥，人家都未必给面子了。所谓世态炎凉，不过如此。

对冯仑来说，这或许就是失败的滋味了。事业退步，人情冷漠。不过冯仑没有抱怨过，也没有给自己太多的借口，而是坦然接受了。他觉得，自己确实是失败了，这点别人早已看了出来，自己也应该坦然承认。

很多事情，在我们看来是难以启齿的，觉得一旦说出来，或者一旦承认就会很没面子，说明自己是个失败者，是不如人的。但其实没有那么严重。尤其是失败。一个失败者，最可怕的不是承认自己失败，而是不承认自己失败。当面对失败的时候，自己在心中做着成功梦是最要不得的，因为这样就导致无法正确认识形势，无法重新再来。失败的时候，重要的是坦然接受，然后立即翻过这一页，重新再来。在是否失败上纠结、耽误时间就是在放弃再次成功的机会。

冯仑显然是坦然的，他接受了自己前期的失败。所以，他很快就翻过了那一页，又重新来过。没多久，他又重新站了起来。独自接管万通之后，冯仑做了一系列的整改，又让公司上了轨道，很快就发展了起来。

很多人觉得，判断一个人是否勇敢，要看他在危险面前如何表现。面对危险的时候，挺身而出的就是勇敢者，畏缩不前的就是懦弱者，其实不然。检验一个人是否真正勇敢的，并不是危险，而是失败。在面对失败的时候，坦然承认，之后努力再来，才是真正的勇敢者。被失败打倒，不敢承认，也不敢面对的才是真正的懦弱者。这样的人，哪怕块头再大，身体再强悍，也掩盖不住他那颗懦弱的心。

一个管理者，必须是一个勇敢的人，因为他的肩上担着整个团队的利益，有着无限的责任。这是属于管理者的担当，更是管理者的竞争力。

勇于承认失败的人，才能在失败后重新站起来。1989 年 7 月，只有 4000 元钱的史玉柱拨通了《计算机世界》的电话，跟他们说自己要做一个价值 8000 元的广告。对这个广告，他只有一个要求，那就是先登广告，之后他再付钱。这，简直是在赌博。后来，成功后的史玉柱说，如果当时的那个广告没有效果的话，那么自己只能是付一半的广告费，然后逃之夭夭。不过，人生没有如果，他成功了，两个月后，史玉柱赚到了 10 万块。他没有用这笔钱买设备，找人才，而是全部投进了广告。四个月后，他成了一个年轻的百万富翁，并创建了巨人集团。

那之后，史玉柱的事业一路顺遂，业务范围也覆盖很大，成了商界的一颗耀眼的新星。世界上从来没有绝对一帆风顺的事，在事业上一直很顺利的史玉柱不久便遭遇了失败。巨人，这个曾经的商业巨擘一瞬间倒塌了。跟着它一道倒下的，还有史玉柱的经营神话。

在一般人看来，这个打击是巨大的，不过史玉柱并没有被击倒。他坦然承认了自己的失败，并重整雄心，打算再次来过。

1998 年，山穷水尽的史玉柱找朋友借了 50 万元，开始运作脑白金。2000 年，公司创造了 13 亿元的销售奇迹，一跃成为保健品的状元，公司规模超过了鼎盛时期的巨人。

2002 年末，史玉柱开始玩网络游戏《传奇》，并很快上了瘾。但他从来没有失去作为一个商人的嗅觉和敏锐，他意识到："这里流淌着牛奶和蜂蜜！"

2004 年春节后不久，史玉柱召集公司高管开会，讨论再投入网络游戏行业晚不晚。当时中国的网络游戏行业已经高速发展了 3 年，市场竞争非常激烈，但史玉柱还是说服了大家。同年 11 月，史玉柱的征途公司正式成立。他前所未有地推出了一种新游戏模式，即不按照玩家在线时间收费，而是需要玩家买装备。这一新鲜的形式以及《征途》本身的魅力，很快就为他们赢得了大量玩家，一跃成为国内网络游戏的前几名。

一个企业家，有过曾经的失败，并不可怕，可怕的是被失败打倒。史玉柱是成功的，他的成功不仅在于创建了一个商业帝国，更在于那永远不会被打倒的坚强。当然，还有他敏锐的目光和精细的管理经营方式。史玉柱是一个非常注重市场调查的人，在脑白金推出的时候，他对市场进行了大量的走访和调查。在推出征途的时候更是如此，他本身就是一个资深的游戏玩家，更是找了很多玩家进行沟通、调查，有了数据之后，自然更容易做出用户喜欢的产品。

总之，一个人可以输，可以有暂时的失利，但绝对不能自己放弃。坚强的人，一定是遭遇挫折后，勇于承认失败，之后重新再来的人，而不是那些死守着面子不敢承认失败的人，更不是被失败打倒的人。

失败是人们所不喜欢的，却也是无法避免的，直面它就好了。

互联网改变房地产行业的五条路

冯仑说："互联网不能让我们住到云中，但是可以让我们以前所未有的形式运用空间。"

（1）从产品到客户之间的通路正在改变。

美国闲置房屋共享平台 Airbinb（中文名是爱彼迎，是一个旅行房屋租赁社区）已经超过了国内所有房产开发公司，而他们只有 5 年的历史。国内类似的是途家，也是发展迅猛。房多多、搜房都属于房地产通路上的公司，他们正在瓦解传统中介行业。

（2）房屋内部正在改变。

现在互联网公司都在盯智能家居。很快，智能家居将整合所有的服务终端，家将变成一个工作、生活、娱乐等等的集合入口。

（3）O2O（线上营销线上购买或预订带动线下经营和线下消费）、社区电商将改变传统物业管理。

现在物业接到用户的抱怨越来越少了，其实不是用户体验好了，而是迅速发展无处不在的O2O已经满足了用户的需求，用户对物业的需求减少了。

（4）房地产开发正在走向定制化的工业 4.0。

经过测算，房屋定制或者众筹的方式，节省开发的成本达 1/3，我们在重点研究如何定制房屋，形成新的制造或者开发模式。

（5）互联网正在改变空间的定义。

人们在互联网化的工作和生活中产生的新的行为模式，对传统的客厅、咖啡厅等空间进行了重新定义。如咖啡厅具有办公室的功能，办公室具有喝咖啡、购物等功能。

去年以来，互联网和房地产行业碰撞出的项目涌现：小米投资U+公寓、毛大庆离职万科创办优客工厂、昨天绿地集团和阿里合作推出互联网金融产品"绿地地产宝"。这只是开始，互联网对房地产的改变还在加速。

——冯仑2015在"艾瑞年度高峰会议"上的发言

冯仑表示，近两年人们对房产公司的关注，大多聚焦于传统房产公司与互联网思维的结合，以及互联网为房产行业带来的冲击和创新。对于这些改变，冯仑认为，改变的不是人们对房产的需求，而是如何需求房产。

2015年，李克强总理首次在政府工作报告中提出"互联网＋"，自此之后，各行各业都发生了翻天覆地的变化。作为冯仑，他也意识到了一种新型住房需求在人民心里形成。首先，就是产品与客户之间的通路在改变。共享单车的流行，让人想象是否房屋也可以共享。而且，国内已经有类似的案例了，并且做得很成功。在经济高速发展的今天，人们对房屋提出了更多的要求，人们已不再只需要家庭住房，创意住宿、借宿、旅行短租等多样化的娱乐用房越来越受大家欢迎。

由于人类居住空间在不断缩减，人们对房屋的可能性也希望能更加丰富多彩，不再是单纯的居住、做饭，满足基本的生活需要。人类已步入了智能时代，很多人足不出户就想享受娱乐、便捷服务的乐趣。

除此之外，互联网的O2O服务已经涵盖了传统企业的所有服务，而且

冯仑内部讲话 最新版

便宜、高效。这使得物业投诉事例越来越少，人们对物业看得越来越淡，把更多的目光投向了O2O。

关于房地产众筹联盟，冯仑认为，该联盟要坚持专业性、公益性，同时要有效。所谓专业性就是不泛泛而论房地产，要聚焦在"众筹"二字上，来解决中低收入的住房问题，另外他还强调该联盟不是以营利为目的，旨在用有效的社会资源和大家的力量来解决少数人的急难和住房需求。冯仑有一次去了小米公司，看到很多人在讨论互联网怎样影响和改变房地产，他一下懵了，没想到小米也准备涉足房地产了。雷军有次对他说，小米也建立了互联网时代一个虚拟开发商的平台，用最低价格满足人们对住房的需要和便利性需求。

这些让冯仑开始深刻体会到房地产开发正在走向定制化，而不是以前的统一化，人们现在更追求既经济又个性的房屋。这种方式可以有效节省土地开发、银行贷款、销售中介等过程中的成本，并由此实现房价的下降。

在人们传统的概念里，房子就是用来住的。但冯仑认为，房产公司可以根据人们新的行为重新定义固定的人造空间，并根据这些空间的新功能获得超出传统的利润。这样可以双重利用同一处空间，也为生活增添了许多乐趣。

创业维艰，
你须知道这些

创业的感觉像结婚。进洞房容易，过日子难，一辈子有幸福更难，最后还能幸福地在回忆里死去更是难上加难。

有理想，才有事业

主持人：说到万通这么多年的发展历程，很多人会从企业家精神和民营经济发展的过程来看。比如说回顾这一段历史，很多人都会提到当年万通六君子的风华，我在您的书《野蛮生长》当中看到了很多对于这个的描写。

冯仑：因为我也见功权、也见小潘，我们最近见面还挺多，我总在讲其实最后都变成创业者的童话，它不是神化，它是童话。为什么成童话了呢？第一，当时他们都二十三四岁，二十三四岁就开始抛掉了所有，跑到这么乱的一个环境里。最后6个人认识了，开始折腾，折腾到今天20年，毫发未损，每个人都很健康，没有一个人得慢性病、癌症，做手术，没有，毫发无损，身体我觉得都很好。第二个，企业都在，每个人还都真挣到钱了。第三，还没有人卷入任何司法的官司。更重要的是我们几次重组完了以后，大家没有伤感情，有些事情我们还经常在一块儿商量，包括功权出走回来，我们也有见面，讨论下一步怎么发展的事。前两天刘军发一首诗给我，我问他说20年过来怎么样，他说没有问题。他也很高兴，给我发一个短信，写首诗。过去，做生意很难有朋友，我觉得我们不光有朋友，而且成为这样一个特殊的生命过程也很好玩。更重要的是，这背后的原因我也很清楚，就是我们讲的坚持理想，追求理想，顺便赚钱。如果我们是追求金钱顺便谈理想，早就掰了。因为我们每次分钱的时候都没花很多时间，都是大概其算一下就完了，反正最后所有的万通的历史问题都我扛就完了。真有意思。如果当时因为钱撕破脸了，今天我们还见面吗？你们仔细想，成为童话肯定在钱上没伤感情。做生意最容易在钱上伤感情。

——冯仑接受权静采访

万通公司的成立是一个比较有趣的过程，当时一群来自天南海北的年轻人，本来彼此互不相识，后来通过各种方式、各种渠道成了朋友，最终大家聚到一起，干了一番事业。虽然，最后这六个人各自独立去闯自己的事业了，但万通还在，他们的朋友关系也还在。

朋友共同创业的情况实在是太多了，不过少有能够修成正果的。不是因为事业没做成或做得不够大，就是最后彼此分道扬镳互不往来，有的甚至成了仇人。之所以这样，大都是因为虽然朋友间性格相近，但目标却并不一致。有的是为了这个目的参与这次创业的，有的是为了那个目的参与创业的，更重要的是，很多人就是没事做，或者突然想做一件事了，因此才拉上几个朋友一起干一番事业。这样的人的结合，是没有太多理想的成分在里面的。一群没有理想的人一起做事，当做成了，有了彼此成就理想的基础时，必然会发生分歧。冯仑他们没有发生分歧，不仅有了各自的事业，还保有彼此的情谊，靠的就是理想。万通，是几个理想青年创建的。

关于这点，冯仑曾经在他的书中提及过，他说有一次跟王石聊天，谈到了类似的话题，后来他想了想，觉得他和自己的几个合伙人确实是因为理想才走到一起的。

正因为都有理想，且有着相近的理想，所以万通的几个创始人虽然经常发生分歧，也有争吵，但从来都没有出现过不可调和的矛盾。尤其是在利益上，从来没有人抱怨过自己拿的少，干的多。之所以这样，是因为他们不仅在为万通付出，更是为了自己的理想付出。有了这一层理想的意味，才让他们有一种甘愿付出和让步的精神。几个愿意让步的人在一起做事，当然不会出现矛盾。

而且，也正是因为有理想，才让他们的事业做得那么大，那么好。不管是在初期的万通，还是几个人分开后各自的事业，都是风生水起。因为他们有一股劲头在。

冯仑本身也是一个有理想的人，他做过很多演讲，提到的最多的怕就是理想了，而且他还专门出了一本书，叫作《理想丰满》，教导年轻人该如何确立自己的理想，如何看待自己的理想，以及如何去完成自己的理想。

可以说，冯仑决定改变自己的生活方式，创立公司是因为理想，而获得成就，取得商业上的成绩以及出书立传，同样是因为理想。

理想，不仅是一个人的愿景，更是一个人的目标。它就像是一根鞭子，可以催人奋进，提醒人不断向前，一个有理想的人未必能够成就一番事业，但一个没理想的人，绝对无法成就一番事业。

每一个开公司的人，最初都是有一个想法，有过些许幻想的，但那是不是理想，能否引导自己走向辉煌，就需要斟酌了。更重要的是，要看它是否能够给自己提供动力，如果这些都没有，那么就该重新审视一下自己了，看看是否应该给自己确定一个理想，让自己更好地向前发展。

一个人，精力是有限的，能力也是有限的，而想让这精力和能力发挥到最大，一定要将之用在自己感兴趣的地方，去做自己感兴趣的事情。只有这样，才有可能取得最好的成绩。就像雷军，他这个人没变，能力也跟之前一样，不过是重新调整了方向，用自己的理想指导自己的行动，于是，他就成功了。这就是理想的作用，不仅可以给人精神上的支撑，更是能够指引行动上的方向。

要知道，人虽然形形色色，但大家所喜欢的东西其实都差不多。很多时候，你的理想也是大家的理想。所以，沿着自己的理想去做事，如果做到自己满意了，那么其他人也基本都会满意，那时候，就是成功的时候。就像雷军，按照自己的满意标准来打造自己的产品，最后，用户也非常喜欢。

理想之所以重要，不仅在于它给我们提供了一个目标，更在于它给我们一个明确的方向，很多时候，甚至给了我们一个标准。如果沿着这个标准去做，那么一定能够得到客户的认可。所谓人同此心，心同此理，就是这个意思。一件事如果做到自己完全满意了，达到了理想的效果，那么客户也一定会满意。在管理上，如果按照自己想要的标准去营造团队氛围，那么员工们也一定会满意这个氛围，从而让整个团队更加有效率。

一个真正成功的管理者，不仅是一个梦想构建者，而且是一个梦想实践者，更是用实现自己梦想的方式为别人带来益处的人。

朋友的力量超乎你的想象

跨行业的第二种形式叫同学会。最近工商界的培训，特别是商学院的发展很快，培训非常多，那么各个商学院的同学会就变成了工商人士和企业领袖之间交流的最好平台。比如中欧商学院、长江商学院，纷纷开设了 MBA 班、EMBA 班还有 CEO 班。我参加过长江和中欧的 CEO 班，在 CEO 班的这些同学就结成了一个同学会。长江和中欧的同学有很多是交叉的，于是我们又组织成立了华夏同学会，将近 50 人，每年有两次同学会活动。这种同学会成为中国最有影响的商业领袖认真研讨商业竞争问题和公司间的合作的重要形式。华夏同学会探讨的问题比所有媒体、商学院讲的都要深。比如，2007 年 9 月份的华夏同学会讨论时，把现在最重要的 IT 企业的 CEO 们，如新浪的曹国伟、百度的李彦宏、腾讯的马化腾、阿里巴巴的马云叫到一起，让他们来谈 IT 企业的未来趋势。而在中国目前的 IT 商业活动中，能把这四人弄到一起是第一次，他们平时有竞争，搁在一起老撑胳膊踢腿。

——冯仑《野蛮生长》

俗话说，一个好汉三个帮，一个篱笆三个桩。一个人不管能力多大，靠自己都无法完成所有的事情,是必须要靠人帮助的。由此,如果换个角度,我们也可以说,朋友,或者愿意帮助你的人,其实也是你资产和能力的一部分。若是身边有一批这样的人,那么不管做什么事,都不会太难。

在创业初期,冯仑他们就曾体验到那种众人相帮的感觉,据他说,很快乐。万通公司成立的时候,几个人手里的钱并不多,大都是东挪西借来的。不过因为他们合伙人数量众多,因此加起来认识的人也必然更多,所以有很多人愿意帮助他们,这样,他们很容易就弄到了创业的资金。

在发展的最初时期,他们也是依靠过朋友的帮助的。那时候,万通的摊子铺得很大,业务遍布全国各地。冯仑曾在书中说,那时候他们一共走了13个城市,可是不管走到哪里,他们兜里都是不带钱的。而是到了当地之后,给自己的朋友打电话,跟他们借钱。他们的朋友也都很仗义,听到电话后,都会积极送钱过来。冯仑说,虽然那时候的钱是借来的,但是心里很高兴,很满足,也很快乐。

这份快乐不仅是因为有人关心、在意自己,更是因为生意的发展,有了足够的资金自然就可以上马更多的项目,从而赚到更多的钱。可以说,万通在成立之初就能取得快速的发展,不仅是因为那时候的市场环境空间大,万通的合伙人经营手段高,跟有朋友愿意帮助他们也是有关的。

冯仑一直是一个重感情的人,也是一个乐意经营感情,与朋友共事的人。因此他才在创业的时候招来一批人一起做。而生意做大之后,他也从来没有改变这一看法。冯仑人脉很广,像王石、柳传志等都是他的好朋友,而且他从这些知名的企业家身上也学到了很多的东西。

冯仑不仅乐于交友,也乐意组织各种活动。他参与并组织了很多论坛式的企业家聚会,将各个领域的企业家朋友们组织到一起,大家一起谈论商业、管理,一起谈论未来。他说,这些聚会上的讨论,往往比媒体组织的那些活动更深刻，也更有价值。正是通过这类的活动，让他有了更多的生意机会，也让他从别人那里汲取了更多的营养。

朋友，不仅是在痛苦的时候可以给我们安慰的人，他们还会在我们需要帮助的时候伸出援手。一个人，如果单单有钱，未必能够创造一番事业，但要是有一帮愿意帮他的朋友，那么创建事业就相对容易多了。现代社会是一个高度精细化的社会，越是精细化的环境中越是需要彼此的协作和配合。这时候，朋友，这个我们了解也了解我们的人，就更显得重要了。

有人说，圈子决定未来，人脉决定事业，这并不是空穴来风。有了更多的朋友，不仅能保证自己有困难的时候有人帮助，更是有很多不同的信息来源。他们可以帮我们出主意想办法，还能给我们带来很多不同领域的重要信息。这些，都是一个管理者，一个企业经营者所必需的。有了这些资源，生意自然会更容易做成。

阿里巴巴这一今天的商业帝国，在最开始的时候，规模也是十分有限的。当年，马云决定创业的时候，大家并不看好，他有了做互联网的想法之后，找了二十几个朋友到家中，跟他们说了自己的想法，结果只有一个人支持他辞职创业，而那个人的理由还是想要做什么就去做，省的以后后悔，并不是觉得互联网有发展。不过，虽然身边的朋友都不太支持马云的想法，但还是乐于帮助他的。马云就是靠着朋友的帮助，才筹集到了50万，开始了自己的创业生涯。

可以想象，如果马云没有足够的朋友，没有人愿意帮助他，那么即使他最后走上了创业之路，怕也要晚上一些时候，因为筹钱本身就是要花费时间的。

不仅在创业初期的马云得到了来自朋友们的帮助，企业做大了之后的牛根生也一样。牛根生是蒙牛集团的领头人。蒙牛诞生之后，便迅猛发展，很快就成了国内知名的大企业。不过蒙牛虽然发展迅速，也并不是一帆风顺，在经营上也曾遇到过问题。

2008 年的时候，蒙牛股价大跌，为了防止市值流失，被人恶意收购，牛根生向自己曾经的同学张口借钱，以期融得更多资金，让蒙牛重新雄起。当时，很多人都向他伸出了援手，著名企业家，新东方的创始人俞敏洪第一时间就借给了他 5000 万，而联想集团的领头人柳传志也在听到消息后紧急召开了董事会，最终决定借给蒙牛集团两个亿的资金。牛根生的一些其他商学院同学，也纷纷表示，如果需要，随时会打钱给他。就是靠着这些人的帮助，蒙牛重新站了起来。

不管是冯仑还是马云和牛根生，都是非常优秀的企业家，他们有经营企业的能力，也有让企业成为行业领头羊的能力，但即使这样的人，也是需要有朋友帮助的。一个人，即使是个天才，也无法完全依靠自己去创造一片天地。他必然是需要帮手的。而这帮手，也是这天才的能力的一部分。可以说，朋友，就是一笔财富，我们不能抱着寻求帮助的目的去交朋友，但朋友确实会帮助我们。一个人，想要让自己的事业更加辉煌，有更广阔的空间和更大的作为，首先需要的就是一定的人脉。有了这人脉，身处困难的时候，会有人雪中送炭，春风得意的时候，会有人过来锦上添花。这些，都是资本，也是一个企业家的能力之体现。

你的合伙人很重要

另外一个决定伟大的力量就是跟谁一起做。你是花了很长时间，但不是和伟大的人一起做，这件事就会沦为平凡，和英雄无关。我在纽约做世贸项目的时候，有一个极强的印象，所谓创造历史，就是在伟大的时刻、伟大的地点和一群伟大的人做一件庸俗的事。具体行为都很庸俗，讨价还价，只是时间、人物、场合是伟大的，结果这些庸俗的事改变了历史。

相反，普通人是在平凡的时间、平凡的地点、和平凡的人说着伟大的事情。不改变社会，也不改变任何人。要想成为伟大的人，要选择伟大的时机、伟大的伙伴，但是具体事情要非常庸俗地按规矩操作。

比如生意伙伴，是和微软做，还是和万通做呢？你和微软做成就伟大的机会可能多于和万通做。所以我们说要学先进、走正道。永远找比自己优秀的人一起做事，不要怕别人不带自己玩，你只要天天追着先进走，老师一般不会慢待、薄待学生，这叫学先进；然后走正道。你身边如果都是这些人，你也就跟着伟大了。所以能否变得伟大的第二个因素就在于你的合作对象。

你选择了好的伙伴，然后还以足够的时间做了一件常人看不到结果的所谓不正确的事情，就有机会成为非常伟大的人。所以伟人讲过一句话，一个伟大的领导人不仅仅敢于坚持原则，还敢于坚持错误的原则，错误到头了，真理就出现了。这讲的就是敢于坚持一个别人没看到的东西，靠时间把这件事颠覆过来，同时团结一些伟大的人共同完成这件事。

——冯仑《野蛮生长》

随着科技的进步，行业划分越来越细致了，对人的要求也改变了。在以前，一个人可以做很多事情，比如要做家具，一个人就可以完成。但现在，却要很多的环节拼接到一起才可以。这样就对人提出了新的挑战，需要一个人有极强的团队合作能力。这样是否能够很好地跟人打交道和认识多少人，便显得非常重要了。

不过，很多人也知道这两者很重要，却不知道该如何去做。在这一点上，冯仑做得就很好，他不仅乐于跟人打交道，还有一套自己的理论。冯仑觉得，圈子决定未来是有一定道理的，但也要看是什么样的圈子。一个人，如果想要享受高高在上的感觉，就要跟不如自己的人在一起，这样，身边的人都觉得自己厉害，就可以满足虚荣心了。可是，如果一个人想要干出一番事业来，想要学习更多的东西，就要懂得跟强者来往。找一些比自己强，或者跟自己旗鼓相当的人做朋友。这样，在跟朋友聊天的过程中，就可以学到很多东西，获得很多启示。冯仑一直认为，跟伟大的人在一起，是可以让一个人无限接近伟大的。

在很多次演讲中，冯仑都提到过跟王石的交往，而且在观察王石的管理之道的时候，也获得了很多心得。比如他看到了万科的专业化发展方向，觉得好，于是自己也朝着那个方向努力。除了王石之外，像柳传志、马云等也都是冯仑的朋友。冯仑还经常组织这些人进行聚会，在聚会中彼此畅所欲言，说些生意上的经验，同时也分享彼此的资源，以及对未来的看法。

冯仑曾说，他们这种小范围的论坛式讨论，比那些媒体所做的大型企业家论坛等等的东西有深度多了。

这就是一个人的聪明之处，他知道自己想要什么，更知道如何得到自己所要的。他明白，跟伟大的人在一起，能让自己也无限接近伟大。如果跟一群伟大的人在一起，那么本身就是一种伟大了。

不仅在跟人交往上，冯仑是这个态度，在做事的时候也是一样。

冯仑曾经参与过纽约的一个项目。在那个项目的进行过程当中，他学到了很多东西。事后，冯仑曾说，做这样一个项目，不仅在于盈利，更重要的是，看到了纽约当地的公司是如何做房地产的，从中也深刻理解了人们常说的美国模式到底是什么，有哪些优点。通过学习这些，可以很好地提升自己。将别人的做法跟自己的做法相比较之后，可以发现自己的不足，发现别人的长处。然后将自己的不足改掉，将别人的优点复制过来。这样，自己的公司就离成功和伟大更近一步了。

一个伟大的人，一定是爱学习，有着谦逊的态度的人。他们能够发现别人身上的优点，然后将之变成自己的优点。集所有优点于一身的人，一定是一个伟大的人。集所有优点于一身的企业必然是一个伟大的企业。当然，集所有优点于一身的团队，也必将是一个伟大的团队。

伟大，有时候其实很简单，跟伟大的人在一起，并学习他身上的优点就足够了。

古语说，鸟随鸾凤飞腾远，人伴贤良品自高。一个人跟有能力的人在一起就可以很快地成长，一个企业也一样，跟好的企业合作，就可以快速地发展。

不久前，苏宁发布了一个消息，说"苏宁云台"正式上线。苏宁的这一做法是想要抢占网络销售的市场份额。

苏宁是电器零售业的巨头，一经成立之后，就迅猛发展，取得了不俗的业绩。其品牌门店遍布全国，是百姓眼中的明星企业。不过随着互联网的普及和发展，苏宁也受到了挑战。如今，更多的人都选择坐在家里进行网上购物，消费习惯的改变，让苏宁这种以实体门店为主的公司感受到了压力。不过，苏宁也并没有坐以待毙，很快也发展起了自己的电子商务网络。

可是，因为进入较晚，虽然苏宁的网络购物也很方便，但用户群体跟其他几个大型的电子商务网站比起来还是有一些劣势的。正是基于这一环境压力，苏宁开放了"苏宁云台"，企图扩大影响，争取更多的用户。

苏宁的这次商业行为，让广大用户感兴趣的是他们的选择方向。苏宁这次秉承的是高起点，优质服务，初期选择的商户，都是经过筛选的知名品牌。这一做法的思路就是，跟好的企业一起共事，也会让自己越来越好。而这一做法也是广大用户们期待他们上线的原因之一。

一家有远见的公司，一定是不甘平庸，不想止步不前的公司。他们不仅看重利益，更看重品牌和长远的发展。这样的公司在选择客户的时候，最重要的目标并不是单笔的利润，而是看跟对方合作能给自己的品牌建设带来多少好处。而往往这种并不是以利益为第一目标的行为，却能获得最高的利润。这就是聪明者的聪明之处，他们不从利益出发，但却总能获得最多的利润。

作为一个管理者，要的就是这种能力，要有强的分辨力，能够分辨出怎么样的做法才是对自己更加有利的。这样的管理者，想的是跟伟大的公司合作，其结果必然也是让自己无限接近伟大。

读书，让你在商场中运筹帷幄

我有一个特别的习惯，几十年来都看那些不起眼的报纸和信息，看非正规渠道的，包括现在的八卦新闻。我每天看报纸从八卦看起，八卦新闻看完了以后才看社会新闻，社会新闻很热闹，看完社会新闻以后才去看财经，再看房地产，最后看时政。

这样来看报纸，非正规信息会刺激你思考，让你思维空间特别开阔，还能拓展知识面。案子里有很多侦探知识，我很喜欢刑侦的工作，十几岁时就开始琢磨法医学、痕迹学、证据学，看这些工作以外的东西，在你遇到问题的时候会有帮助。比如，你跟一个人打官司的时候，如果有点这类知识，就会知道怎么马上取证。

此外，有意思、有实际用处的书，像《马桶的历史》《门的历史》《吃醋的历史》等，这种书我都认为是好书。比如《吃醋的历史》是人的社会心理变化过程，这对把握办公室恋情有帮助，可以起到触类旁通、举一反三的作用。

——冯仑《伟大是熬出来的》

冯仑是非常喜欢读书的，他不仅平时有阅读的习惯，当遇到问题的时候，也常去书中寻找答案。

1996年是万通公司的一个拐点，他们阻止了万通快速的前进模式，开始压缩规模，这一系列事情完成之后，一伙人开始寻找以后的路。面对前进无路，而后退又心有不甘的形势，冯仑始终没有放弃思考，他想了很多办法，用于规划万通的未来和整理万通的现在。其中之一就是读书。

那一期间，冯仑找了很多的书来读，其中大都是关于几个人合伙干事业的，研究书中人的成长路径，以及出现了问题之后彼此之间如何协调。而且冯仑不仅自己读，也介绍给他的几个合伙人。比如他看了《太平天国史》觉得好，就把他推荐给自己的几个合伙人，告诉大家，越是在有困难的时候，越是要有耐心，千万不要像太平天国那帮人一样，弄一个"天京之变"出来。他的这一主张也得到了几个合伙人的认同。正是由于他的这一劝导，稳住了大家的情绪，后来几个人共同协商才找到了出路。这就是读书的力量了。

冯仑不仅遇到困难的时候会从书中寻找答案，平时也非常喜欢阅读。正是因为有这个爱好，所以冯仑才不同于一般的企业家，在企业管理方面，他不仅有实际经验，而且有理论支撑，可以说他是一个地地道道的儒商。

理论和实践的结合，让冯仑看到了很多其他人看不到的地方。比如说建立董事会。一般的公司，可能对这个不是很重视，但是冯仑将之看得很重，而且他不仅自己做得很好，还分享了很多的经验，将之写成了文章，供大家探讨。可以说，冯仑能够在关键时刻力挽狂澜，让万通公司走出困境，靠的正是理论和实际结合。

冯仑喜欢读书，也会读书。他觉得读书是一种跟伟人的交流。在冯仑看来，有三种书，是一个企业管理者必须要读的。第一种是经典，也就是经过时间沉淀的，这些书经过了历代人的筛选，自有其独到之处。第二种是有用的，可以给自己帮助的，他个人的喜好是一些好的故事书，因为可以从中读到人性，了解人之后，自然就能做好生意管好企业了。第三种就是拓展思路的书，比如科幻小说，里面充满了奇思妙想，可以让人进入一个全新的世界，从而拓宽思路。

冯仑会读书，爱读书，更有能够将知识转化为实际的能力，这正是他能够创下一番事业的一个重要原因。因为读书拓展了人的视野，我们平时是很难遇到伟大的人的，也很少会知道他们是如何想的，是如何做事的。但是书给我们提供了一个机会，读一本伟大的人的传记，就仿佛置身于他的生活当中，以一种旁观者的视角在观察他，自然能够从他的身上学到很多好的东西。如果日积月累，自然也就有了更多的体会，让自己更加成熟。

有了这份成熟之后，不管是做事、交友还是管理公司，都能够有理有据有序，那时候，也便不会再有那么多的困扰了。

别人的经历是不能照搬的，但却能给我们无限的启示，那启示不仅是财富，更是一个人的竞争力，将这竞争力放在管理上，自然就超出别人许多了。

许多人不知道，其实成功的企业家大多数都是书迷。张瑞敏，海尔集团创始人，全球享有盛誉的企业家，是海尔集团党委书记、董事局主席、首席执行官。这是一个带有传奇性的人物，也是一个极厉害的企业家，但很多人不知道，他还有一个外号，叫作书呆子。

所以有如此外号，是因为张瑞敏酷爱阅读。张瑞敏最喜欢读的书是哲学，像《论语》《道德经》之类的经典，他早就烂熟于心了。张瑞敏觉得，哲学是最考验头脑，也是最具智慧的。一个人想要读懂哲学著作，不仅需要有强大的逻辑理解能力，还要对社会对人性有深刻的认识。正因为此，他才热衷于哲学，因为这样可以让自己的头脑更加充盈，也能让自己的思想更加深刻。张瑞敏甚至说过，自己成功的秘诀是读书和知识。

除了自己的爱好之外，张瑞敏还读很多实用类的书。掌管企业之后，张瑞敏就开始读跟管理相关的书了。他觉得，对于自己来说，管理是一个比较新的领域，想要做好必须有足够的认识和积累，既然没有实际的管理经验，那么不妨先从读书开始，间接地学学别人的管理经验。

而且，他不仅自己读书，还常给员工们讲自己的读书心得。他说自己在海尔的角色有两个，一个是设计师，为企业制定战略，另一个就是牧师，为员工们布道，也就是海尔的文化。这布道的内容，自然有很大一部分就是他自己的读书心得。

更重要的是，张瑞敏从书中学习了新知识之后，还能很快地将之转化成自己的东西。在中国的企业中，有自己的独特文化，有属于自己的管理之道的企业并不多，因为我们的很多企业才刚刚起步不久，虽然规模足够大，但在企业文化的构建上，很多还是模仿别人的。可是，海尔却有一套属于自己的体系。这套体系，就是张瑞敏通过大量阅读书籍，然后总结提炼、升华得来的。这不仅是一个创举，更是为海尔的成功奠定了很重要的基础。

作为一个领导者，张瑞敏不仅自己读书，也鼓励公司的管理层甚至普通员工参与阅读。在他的影响下，海尔一直有一股阅读风。

读书是快乐的，那快乐不仅在于获得了新的知识，更在于解决了很多原有的困惑。更重要的是，它让一个人变得充实，这份充实，是头脑得到了滋养的结果。一个人头脑被知识装满了，那么也就没有什么能够难倒他了。有些人觉得，企业家是不需要阅读的。这是一个错觉，看看那些出色的企业家，像冯仑、张瑞敏，还有王石、柳传志这种做出了别人做不出的成绩的人，都是喜欢阅读的。

经济转型和企业家创新

当你不改变的时候，当你习惯于一个环境的时候，当所有人都为你这个缺点遮掩的时候，实际上是因为他们有自身的立场。一个企业适应一个状态的时候，不是我们自己觉得舒服，而是别人为了更舒服而不让我们改变。

我们怎么改变呢？今天讲到了应对挑战，我们讲转型，转型不等于成功。我们看到大量的转型都是一半成功，一半不成功。转型这件事情大概就是三种结果：

第一种：微转型。

第二种：行业内转。

第三种：大转型。

——2017 年冯仑在"亚布力中国企业家论坛第十七届年会"上的发言

冯仑作为万通集团的董事长，深知创新和转型对一个企业发展的重要性，这也是随着时代发展企业要走的必由之路。冯仑在早年各兄弟离开后，他痛定思痛，一手把公司撑了起来。1999 年，万通在冯仑的带领下，成功打造了国内第一个高端注册住宅小区"新新家园"，为中国房地产行业开辟了第三条路。几年之后，在别人沿着冯仑开辟出的道路，不停建造高档住宅小区的时候，冯仑已经带着万通走进另一番天地了。他们制定了绿色战略，提倡健康环保的居住形式，走在了行业的前头。

这是他最初的转型，重新站在事业高点的冯仑并没有满足，而是将目光投向了更远的地方。他带领公司去香港、台湾、纽约做生意，也都取得了不凡的业绩。可以说冯仑始终在尝试新的东西。2016 年，冯仑又尝试做起了房屋众筹，希望解决中低收入人群住房问题。在这样一个瞬息万变的市场中，创新是企业飞速发展的不竭源泉。在成功实施转型之后，保持创新的活力对于企业转型后的发展也是尤为重要的。

过去，企业认为要自我完成所有的创新。如今，协作方式发生了根本性转变，公司内部、公司之间，公司与网上专家组织，甚至与世界各地的无数个人都可以展开协作，不同公司的工程师和专家能组成一个团队。

例如，爱立信公司在转型的过程中，也一直保持着对技术的不断创新。"技术的创新对于通信企业的转型十分重要，不仅有助于企业选择正确的转型方向，同时也有助于企业转型时机的把握。"蒋浩介绍说，爱立信一直对通信市场的发展变化极为关注，从短期到中长期，都进行相应的分析，每年做公司的战略规划。在这个规划的过程中，进行多次调整，因为市场在不断变化，技术的发展也需要不断创新和调整。

到了今天，由于"互联网+"渗透到人们生活的方方面面，人工智能的话题也愈演愈烈。所以每个企业家和创业者都应该与时俱进，做好转型的准备，迭代发展，这样才不会被残酷的市场所淘汰。